普天之下・盡是好書
普天出版家族
Popular Press Family
凌雲文創
A-Plus Creative Company

只要看一眼，就能讀懂
對方的肢體語言

心理學家愛德華·赫斯博士曾說：

「一個人的眞實面貌，不在於他對人顯露的那一面，而在於他不能、不願向人顯露的另一面。」

想要看透一個人的眞實面貌，不能光看他表現出來的那面，也不能光聽他說出來的話語，而要從細微之處看穿他極力掩飾的另一面，以及暗藏在心中沒說出來的眞正心思。

一眼就看穿對方

超強讀心術

PRACTICAL PSYCHOLOGY

楚映天 ——編著

一個人不管如何遮掩，內心深處最眞實的一面，一定會透過表情、情緒反應、肢體動作和特殊偏好顯現出來。透過細膩觀察，我們就可以迅速研判出對方是什麼樣的人。

【出版序】

你必須知道的讀心術

想要瞬間讀懂人心，其實並不困難。即便是初次相見的陌生人，你都可以憑第一印象抓出對方的目的與可能隱藏的個性、心思。

心理學家皮爾斯．斯蒂爾曾說：「人世充滿了虛偽和恭維，以致人們的言詞，幾乎不能代表它們的想法。」

正因爲如此，我們更要運用身體語言的概念，藉此洞悉別人內心深處隱藏著的心思，把人看到骨子裡，提防自己在人性叢林中受騙上當。

一個人不管如何遮掩，內心深處最眞實的一面，一定會透過表情、情緒反應、肢體動作和特殊偏好顯現出來，想在這個爾虞我詐的社會行走，就必須具備讀人讀心的重要本領。透過細膩的觀察，我們就可以迅速研判出對方心裡正在想什麼，是不是口是心非或言不由衷；提高自己的觀察與判斷能力，在人際關係中就可以無往不利。

心理學家愛德華．赫斯博士曾說：「想要看透一個人，不要只會用耳朵去聽他說些什麼，而是必須用眼睛去看他做些什麼。」

這是因爲，一個人的眞正心思，往往會在做了言不由衷的事情之後暴露出來。想要瞬間看透一個人，就不能光看他表現出來的那面，也不能光聽他說出來的話，而要從細微之處看穿他極力掩飾的另一面，以及藏在心中沒說出來的眞正心思。

想要把人看透的秘訣並不困難，重點就在於你是否懂得口是心非的人性。想要知道對方是什麼樣的人，想瞬間讀懂對方的心思，就千萬不能只用耳朵判斷，必須用眼睛仔細觀察他的一舉一動。

人與人之間，免不了必須進行溝通、互動。

從家庭、學校、職場，甚且社會，一個人的「成長」，說穿了就是透過不斷與他人相處從而逐漸改變、成熟的過程。

不妨想想，一天二十四小時之內，可能會碰上哪些人呢？想來數目應該不少！其中必定有已經相互熟識的，但也有可能是完全陌生卻不得不打交道的。無論面對哪一種，你有把握地與他們進行良好的互動，順利完成自己的期望與目的，而不使自身權益受損嗎？

回想一下過去的經歷，恐怕絕大多數人的答案都偏向於否定。

想要瞬間看穿人心，其實並不困難。即便是初次相見的陌生人，你都可以憑第一印象抓出對方當下的目的與可能隱藏的個性、心思，且屢試不爽。不用懷疑，事實上，這就是「讀心術」的巧妙之處。

阿諾德曾說：「透識一個人的最快速方法，就是將他全身剝光，讓他赤裸裸地站在眾人面前，然後再看他做出什麼反應。」

因爲，如果這個被「剝光」的人，是一個行事光明磊落的君子，沒有什麼不可告人之事，那麼他就不會在衆人面前驚慌失措，如果這個被「剝光」的人，是一個專門幹無恥勾當的小人，那麼當他赤裸裸地站在衆人面前，就會手足失措，深怕自己的馬腳會不小心曝露出來。

唯有冷靜觀察對方的肢體語言，對細微變化旁敲側擊，我們才能眞正掌握一個人的眞實內在。

人是最擅長僞裝的動物，現實生活中道貌岸然的小人很多，如果你不想老是受他們宰割，那麼就得放聰明一點，才不會老是受騙上當。

我們遭遇的人，可能比我們想像中正直，也可能比想像中陰險，交往之前必須先摸清對方的人格特質與心理需求。從一個人所傳達的肢體語言，我們可以迅速研判出對方是友好的或是狡詐、充滿敵意的；具有這種觀察能力，在人際關係中就可以無往不利。

人人都有個性，影響著他們的思想、喜好，進而決定他們表現在外的所有行為，只要不刻意掩飾——其實，就算用盡心機，還是會有小小的「馬腳」露出來，瞞不過眞正懂得讀心的聰明人。

學會從小地方看人性，你必定可以得到很大的實質收穫，無論面對上司、同事、下屬、客戶、朋友、家人，都將立於不敗之地。爲什麼呢？原因很簡單，因爲你已經完全把他們的心思掌握在手裡。

01. 表情，就像一齣精采的戲

面孔反映出了人們的心理狀態，而且隨著年齡的增長，反映將越來越清楚。臉就像一台展示感情、慾望、希望等一切內心活動的顯示器。

02. 快速辨識一個人的氣質

氣質既是內在的涵養，又是外在的表現。人可以藉知識修養來彌補氣質上的不足，遮掩缺點，並將優點發揚光大。

03. 注意對方的日常習慣動作

談話時喜歡和他人目光接觸的人，無疑是主動向對方展示自己的內心。

04. 從行為看透一個人

行為是心理的展現，除非經過專門訓練，否則人的行為時時刻刻都能夠反映出一個人的真實個性。

05. 洞悉說謊的深層心理

在一般人眼裡，說假話或不信守承諾都是操守欺騙的行為，說明了這個人的人格和存在著問題。

06. 撒謊是人際關係的潤滑劑

「撒謊是人與人之間的潤滑劑」。大概有百分之七十到八十的人承認「偶爾撒一點謊，也是不得已的情況」。

07. 說一些謊話，使自己的行為合理化

尋找到一些看起來很正當的理由，用這些理由來使別人承認自己，接受自己的行為，這是就所謂的「合理化」。

08. 越想遮掩，越會用謊言敷衍

人對於自己特別感興趣的人事物，都會特別的注意，留在腦海中的記憶也就特別深刻，說「不記得」的人通常是在撒謊。

09.

「扮相」比長相更重要

不同社會背景對服飾的要求有所不同，俗話說「人配衣服，馬配鞍」、「三分長相，七分打扮」，相當有理。

10. 透過顏色洞察性格

顏色就像密碼，用一種不同於語言的方式，幫性格和想法說話，傳遞訊息。透過一個人對顏色的喜愛，可以觀察出他的性格和心理。

11. 從交際方式洞察事業命運

追求權力不得自然會痛苦，得到了權力之後害怕丟失，同樣使人痛苦。得到了高位，「高處不勝寒」，孤獨自不必多言。

01

表情，就像一齣精采的戲

面孔反映出了人們的心理狀態，而且隨著年齡的增長，反映將越來越清楚。臉就像一台展示感情、慾望、希望等一切內心活動的顯示器。

表情，就像一齣精采的戲

面孔反映出了人們的心理狀態，而且隨著年齡的增長，反映將越來越清楚。臉就像一台展示感情、慾望、希望等一切內心活動的顯示器。

表情是一個人心理活動最直接的反映。單單從臉型、相貌推斷一個人的性格與心思，往往有失偏頗，但如果輔以面部表情進行推測並加以判斷，大致上有相當的準確性。

表情是內心活動的寫照，透過表象可以窺探心靈的律動、把握情緒變化的尺度、瞭解感情互動的根源，表情就是這些資訊的最外在體現。

美國心理學家拜亞曾經這樣一項實驗，他讓一些人表現憤怒、恐怖、誘惑、無動於衷、幸福、悲傷等六種表情，再將錄製後的影帶放映給不特定人士看，請他們猜猜何種表情代表何種感情。結果是，看到錄影帶的這些人面對這六種表情，猜對的平均不到兩種。

由此可見，表情傳遞的情緒有可能被誤解，表演者即使有意擺出憤怒的表情，也會讓觀衆以爲是悲傷的模樣。

從這個事例可以得知，雖然表情對於推測一個人的性格有很大程度上的可取性，相對於語言，更能傳遞一個人的內心動向，但要在瞬間讀懂人心，看似簡單，實則不易。

人類在長期的群體生活中，學會了掩飾內心眞實情感的手段，這種手法在現代商業活動中屢見不鮮。

回想一下，你或許曾有過類似經歷：洽談業務的雙方，一方明明很高興地傾聽對方的陳述，而且不時點頭示意，似乎很想完成交易，陳述的一方也因此對這筆生意充滿信心，萬萬沒想到對方最後卻表示：「我明白了，謝謝你，讓我考慮一下再

說吧！」

這樣的結果，無疑於向陳述方當頭澆下一盆冷水，也說明，沒有經過相當程度對人們內心活動進行的研究，不太容易探出人的眞面目。

俗語說「眼睛比嘴巴更會說話」，單憑眼睛的動態就大致可推測一個人的心理。但是，想要抓住一個人性格的主要特徵，如此還不夠，必須以眼睛爲中心，仔細觀察全面的表情才行。

在所有生物中，人的臉部表情是最豐富、也是最複雜的，想要瞬間讀懂人心，就必須掌握透過表情判斷人的性格的訣竅。

每個人都有一副獨特而不容混淆的臉相，即使雙胞胎也有自己的特徵，因此人們相見時，給人印象最深的就是臉。

臉孔大致能反應出一個人的年齡、性別、心思，而且透過表情，也可以流露出當時情緒變化狀況。

當我們與他人交往時，無論是否面對面，都會下意識地表達各自的情緒，與此同時也注視著對方做出的各種表情。

正是這種過程，使我們的社會交往變得複雜而又細膩深刻。

在高明的觀察者看來，每個人的臉部表情，無疑等同一張反映自身生理和精神狀況的「海報」。

狄德羅在《繪畫論》一書中曾說：「一個人，他心靈的每一個活動都表現在他的臉上，刻劃得很清晰，很明顯。」

一九一二年諾貝爾獎獲得者、法國生理學家科瑞爾在他的著作《人，神秘莫測者》一書中也寫道：「我們會見到許多陌生的面孔，這些面孔反映出了人們的心理狀態，而且隨著年齡的增長，反映將越來越清楚。臉就像一台展示感情、慾望、希望等一切內心活動的顯示器。」

人的大腦分爲兩半球，發自內心的感情通常由右腦控制，卻具體反映在左臉上；而左腦則專司理智性感情（即經過克制和偽裝的感情），然後反映在右臉上。因此左臉的表情多半是眞的，右臉的表情有可能是假的。

若想知道對方的眞實感情，必須強迫自己去觀察對方的左臉。

有些「表情語言」是比較容易讀懂的，例如蹙眉皺額表示關懷、專注、不滿、憤怒或受到挫折等情緒；雙眉上揚、雙目張大，可能是表現驚奇、驚訝的神情；皺鼻，一般表示不高興、遇到麻煩、心有不滿等等。

愉快的表情在日常生活中很容易捕捉到，它的特點是嘴角拉向後方，面頰往上展，眉毛平舒，眼睛變小。

不愉快的表情特點則是嘴角向下垂，面頰往下拉，變得細長，另外眉毛深鎖，皺成「倒八」字。

我們再進一步把它具體化一些：

眉——有心理學家研究，眉毛可以有二十多種動態，分別表示不同感情。

成語中常用詞語有：「柳眉倒豎」（發怒），「橫眉冷對」（輕蔑、敵意），「擠眉弄眼」（戲謔），「低眉順眼」（順從）。

一個人眉間的肌肉皺紋可清楚地體現出心理狀況，焦慮和憂鬱時眉頭緊鎖，一旦眉間放開、舒展，則是心情變得輕鬆明朗的標誌。

鼻——鼻子的表情動作較少，而含義也較為明確。厭惡時聳起鼻子，輕蔑時嗤之以鼻，憤怒時鼻孔張大，緊張時鼻腔收縮，屏息斂氣，凡此種種都是典型反應。

從表情的微小改變，往往能夠一眼洞察別人的內心。從面部表情上，讀透內心所蘊藏的玄機，是識人高手厚積一世而薄發一時的秘技，只要能掌握表情的奧妙，你也可以瞬間讀懂人心。

不同臉譜象徵了不同的個性

你是哪一種類型的人呢？再看看自己周遭的親友又分別具備何種特徵，知己知彼，才能在人際互動中無往不利。

臉是一個人最重要的外在特徵，是區別於其他個體的最主要識別。隨著歲月的流逝，我們每個人的臉上都會被打上諸多的烙印，逐漸改變。

透過不同的特徵和臉型，可以窺出一個人的個性。

・圓臉

一個人的臉龐如果平滑輕鬆，沒有凸出的臉頰或顎骨，表示了爲人謙恭有禮，懂得均衡的道理。但有時候，這種人可能拖拖拉拉，不願意面對那些可能讓人傷腦筋的問題。

・方形臉

有一張運動員般的臉，堅強、高傲、有決斷力，屬於可以果斷決定，同時不必費多大心力就可以說服他人一起做事的人。

這種人是一位好老師、忠心的朋友，儘管不是世界上最聰明的人，但卻是推動事物進行的主要動力。

・橢圓形臉

橢圓形臉的女性通常是天生的美人胚子，不需要太多化妝品，便可以把臉孔修飾得完美無缺，令人羨慕。至於橢圓形臉的男人，通常擁有藝術家的敏感和沉著冷靜的個性。

無論是男性或女性，長著橢圓形臉的人大都擁有與生俱來的優雅氣質，最吸引人的地方，便是充滿光采、魅力且令人舒服的微笑。

• 雙唇微開

這樣的人很誘人，富有挑逗性，而且充滿熱情，對各式各樣的羅曼史都來者不拒。有這種特徵的人，舉手投足都足以散發出誘人的魅力，有本事不說一句話，便把身邊所有人迷得神魂顛倒。

• 緊閉雙唇

緊閉雙唇的人絕對能夠保密，對自己的言行舉止都十分謹慎，也因而經常顯得過度敏感。

嚴肅固執的個性使他比較喜歡和他人保持一定的距離，然而，在內心深處，卻存在著無法解除的焦慮，長年處在不安的狀態下。

• 雙唇上揚

習慣雙唇上揚的人是永遠的樂觀主義者，能夠不屈不撓、面帶微笑地面對一切。在他心中存有某種信仰或神秘的力量，相信事情總會迎刃而解，世界上沒有不能克服的難題。

・雙唇下彎

和前面所說的正好相反，習慣雙唇下彎的人是個十足的悲觀主義者，老是用挖苦、嘲諷的幽默感，來表示對人事物的憤慨和鄙視。

他可能相當成功，但幾乎沒享受過成功，或許他小時候曾受過很深很深的傷害，但歲月的流逝和種種歷練並沒將這些傷害撫平，反而更嚴重地扭曲了他對人、事、物的看法。

・厚嘴唇

厚嘴唇的人不愛開玩笑，可能給他人不好接近的印象，也未必覺得性感。但體力相當好，對所有活動，都能夠全心投入。

・薄嘴唇

薄嘴唇的人不是很好的相處對象，與其說是由於嘴唇令那些對他有意思的人退避三舍，倒不如說是刻薄吝嗇的個性令人裹足不前。薄而不豐滿的嘴唇，透露出這種人吝於付出，卻樂於接受別人施捨。

•下顎凸出或強健

這樣的人行事積極，意志堅強，不輕易受挫。別人向他求教，多半是因爲他看起來像花崗石一樣堅硬。

他們值得信賴，爲人誠懇，不過有時候也很頑固。

•下顎後斜或短小

這樣的人過度忸怩害羞，很可能總是低著頭走路，眼睛盯著地而不是向前看，彷彿不斷向他人道歉，好像每一件事都令他歉疚萬分。膽小的個性使這種人想像自己正面對未曾眞正發生過的突然事件，結果生命便慢慢演化成一種無止境的道歉狀態，外表顯得消極頹靡。

•圓下顎

圓下顎的人可能是一位畫家、一位詩人，也可能是一位作家。他的見解並非只限定在某個範圍內，而是彎曲多變，極富彈性。摩天大樓或郊區的購物商場令他倒胃口，他想追求的是綠油油的山水風景。如果離不開城市，他一定會幻想著在一棟商業大樓裡，造個寧靜的角落。

• 方下顎

方下顎通常搭配高而有角的額骨，自信、負責的外表，使外表魅力十足。這種人看起來十分果斷，所以比一般人更能夠讓事情照自己的意思發展。這樣的人經常受到他人的推崇、尊敬和禮遇。

• 沒有皺紋的額頭

皺紋代表生活痕跡。額頭沒有皺紋的人幾乎沒受過什麼嚴重的創傷，一直過著舒適生活。流逝的歲月似乎沒在他身上烙下痕跡，因此讓他展現出一股悠閒而年輕的優雅氣質。

• 有皺紋的額頭

額上深刻的皺紋，表示曾飽嘗人生的煎熬，曾經歷過痛苦和失落，而這一切清清楚楚地刻在額頭上。這樣的人是現實主義者，知道以不平等的方式來面對這個不平等的世界。

看看鏡子，你是哪一種類型的人呢？再看看自己周遭的親友，他們又分別具備何種特徵，象徵了什麼樣的性格呢？

知己知彼，才能在人際互動中無往不利。

眼睛裡藏著什麼秘密？

眼睛是心靈世界的直接反映，隱藏著內心的諸多秘密。從一個人的一雙眼睛裡，我們可以解讀出許多東西。

在這個小人充斥的世界裡，想知道對方是不是在搞鬼，內心是不是潛藏著見不得人的心思，首先必須學會觀察對方的眼神。

眼神就是眼睛的語言，也是人臉部的主要表情之一，與一個人的思想感情有著密不可分的關係。

一個人的所思所想，很多時候都會經由眼神表現出來，所以，透過觀察一個人豐富而不停變化的眼睛語言，可以在某種程度上對他有個大致的瞭解和認識。

當一個人對另外一個人產生了好感，但沒有用語言表達出來的時候，多半會用帶有幸福、欣慰、欣賞等感情交織在一起的眼光不住地打量對方。

當一個人表示對另外一個人的拒絕時，會用一種不情願，甚至是憤怒的眼神，輕蔑地進行嘲諷。

當一個人看另外一個人時，用眼光從上到下或是從下到上不住地打量時，表示了對眼前這個人的輕蔑和審視。這種眼神流露出良好的自我優越感覺，顯得有些清高自傲，喜歡支配別人。

談話的時候，如果有一方眼光不斷地轉移到別處，這說明他對所談的話題並不是十分感興趣，甚至有些厭煩，另一方意識到這種情況以後，應該想辦法轉換話題，改善這種局面。

在談話中，一方的眼神由灰暗或是比較平常的狀態，突然變得明亮起來，表示所談的話題是切合他心意的，引起他極大的興趣，這是使談話順利進行的最好條件和保證。

在兩個人的談話中，如果一方說話時既不抬頭，也不看另外一個人，只顧說自己的，這很大程度上表示了對另外一個人的輕視。

當一個人用兩隻眼睛長時間地盯著另外一個人時，絕大多數情況都是期待著對方給予自己一個想要的答覆。當然，答覆的內容是因人而異的，可能是一項計劃的起草，可能是一份感情的承諾，不一而定。

當一個人用非常友好而且坦誠的眼神看另外一個人，間或地還會眨眨眼睛，說明他對這個人的印象比較好，很喜歡這個人，即使對方犯了一些小錯誤，也可以給予寬容和諒解。

相反的，當一個人用非常銳利的目光，以冷峻的表情審視一個人的時候，當然含有警告的意思。

眼睛可以說是心靈世界的直接反映，隱藏著內心的諸多秘密，從一個人的一雙眼睛裡，我們可以解讀出許多東西。另外，從眼睛的特徵，也可以大致推測一個人的性格。

・深眼睛

如果一個人眼睛四周有強而有力的眉毛和高高的額骨包圍，表示他是一個喜歡探究的人，彷彿周遭的一切都經常處在一面放大鏡之下。這樣的人擅長區分極細的細節，可以偵測出別人個性中的小缺陷。

相對的，就因爲這個原因，這種人十分挑剔，除非相當特別的人，否則很難進入他的生活中。

・兩眼相近

這是在某一方面能夠取得相當成就，但又因爲在另一方面未得到他人認同，而沮喪萬分的人。

這種人一直認爲自己總是在最好的時機上，做了錯誤的選擇，同時也認爲，造成這樣的結果，絕大部分是因爲別人給了自己不恰當的建議。在他心中，無時無刻不懷疑每個人。

事實上，他的疑心病嚴重到連對待自己都小心翼翼的地步。

・兩眼分得很開

這樣的人心胸開闊，凡事替別人著想，對人生看得很開。雖然朝著自己的目標前進，但並不因此而盲目，也不因此侷限了自己的視野。這種人樂於幫助他人，一點兒也不嫉妒別人。

・大眼睛

這樣的人眼睛清澈明亮，反射出一副永遠好奇的模樣。他們喜歡嘗試任何事情，即使某件從前做過許多次的事，也彷彿從沒做過一般。睡覺是少數幾件令他們憎恨的事，因爲他們討厭閉上眼睛，即使只閉上一秒鐘，也老大不願意，因爲怕錯過有趣的事情。

•眼皮沉重

這樣的人就像小狗一樣可愛，想睡覺的眼睛也是這個模樣。因此，疲累成爲他離開人群最好的藉口，因爲沉重的眼皮，看起來就像只能上床睡覺。不需多說，這人說話輕聲細語，行事輕鬆自在，但個性保守退縮。

•魚尾紋

這種人眼角的波紋透露出一股幽默感，具有說故事的本領，經常使聽眾捧腹大笑。不過，這種本事並不是天生的。魚尾紋同時也表示，他曾經歷過人生百態，而說故事的本領，也因爲臉上表情的豐富多變而更顯智慧。

眼睛是靈魂之窗，我們應學習從中接收有價值的訊息，藉以判斷一個人的內心世界，彈性調整與不同對象相處的方式。

眉毛也會表達人的想法

眉毛會表達一個人內心的真實想法。眉毛閃動的動作，是全世界人類通用表示歡迎的信號，一種友善的行為。

眉毛的功用雖然只是保護眼睛，但事實上也傳遞人的某些性格特徵。一旦心情有變化，眉毛的形狀也會跟著改變。

解讀眉毛的「表情」，其中分別傳遞了不同訊息。

• 彎眉毛

這種人個性並不武斷，是個夢想家，喜歡沉浸在輕柔而超現實的優美色彩中。

家裡到處都是活潑的抽象造型和極富原創力的設計，而且樂於在家中招待經常往來的藝術界朋友。

這樣的人可能有點善變，不過永遠熱情洋溢。

•直眉毛、眉眼相距遠

這樣的人很大膽，而且能夠一眼看穿別人，灼熱的眼神很容易便能夠穿透甚至粉碎大多數人的保護網。他喜歡證明自己的權威，而且經常這麼做，時常不說一句話，而以冰冷、可以洞悉一切的眼神，凝視著自己的對手。這種人通常深思熟慮，邏輯性很強。

•皺眉型

他們對任何事都深思熟慮，是足智多謀、深謀遠慮的人，總是靜悄悄地退在一旁，並從各種可能的角度去研究事情。在得到任何結論之前，會反覆考慮所有可能性。雖然深思熟慮的舉止使他們看起來不積極，不過熟識的人都知道不要去打擾他們的思緒，以免惹他們生氣。

•揚眉

人們常用「揚眉吐氣」一詞來形容委屈得到伸張時的心情。當眉毛揚起時，會略向外分開，造成眉間皮膚的伸展，使短而垂直的皺紋拉平，同時整個前額的皮膚擠緊向上，造成水平方向的長條皺紋。

揚眉這個動作，能擴大視野，一個眉毛高挑的人，正是想逃離庸俗世事的人，但一般人卻會認爲這是自炫高深的傲慢表現。

當一個人雙眉上揚時，表示非常欣喜或極度驚訝；單眉上揚時，表示對別人所說的話或所做的事不理解、有疑問。

當人們面臨某種恐懼的事件時，可以用皺眉來保護眼睛，也可以用揚眉來擴大視野，兩者都對人有利，但只能選擇其一。

一般的反應是：面臨威脅時，犧牲擴大視野的好處，皺眉以保護眼睛；危機減弱時，則會犧牲對眼睛的保護，揚眉以看清周圍的環境。

・皺眉

皺眉的情形，包括防護性和侵略性兩種。

防護性的皺眉意在保護眼睛免受外來的傷害，但是光皺眉還不行，還需將眼睛下面的面頰往上擠，雙眼睜開注意外界動靜。

這種上下擠壓的形式，是面臨外界攻擊、突遇強光照射、強烈情緒反應時的典型退避反應。

至於侵略性的皺眉，基本上仍是出於防禦，擔心自己侵略性的情緒會激起對方的反擊，與自衛有關。

真正侵略性眼光應該是瞪眼直視、毫不皺眉的。最常見的皺眉，往往被理解為厭煩、反感、不同意等情緒。

・聳眉

聳眉指眉毛先揚起，停留片刻，然後再下降，聳眉與眉毛閃動的區別就在片刻的停留。

聳眉還經常伴隨著嘴角迅速而短暫地往下一撇，臉孔的其他部位沒有任何動作。聳眉牽動的嘴形是憂傷的，有時表示不愉快的驚奇，有時表示無可奈何的樣子。

此外，有的人在熱烈地談話時，會做一些小動作來強調自己說的話，講到重要處時，也會不斷地聳眉。

・斜挑

斜挑是兩條眉毛中的一條向下降低，一條向上揚起；這種無聲的語言，較多在成年男子臉上看到。

眉毛斜挑傳達的訊息介於揚眉與皺眉之間，半邊臉顯得激越，半邊臉顯得恐懼。揚起的那條眉毛就像提出了一個問號，反映了眉毛斜挑者抱持的懷疑心理。

・閃動

眉毛閃動，是指眉毛先上揚，然後在瞬間下降，像流星劃過天際，動作敏捷。

眉毛閃動的動作，是全世界人類通用表示歡迎的信號，一種友善的行爲。例如，當兩位久別重逢的老朋友相見的一剎那，往往會出現這種動作，而且常會伴隨著揚頭和微笑。

但是在握手、親吻和擁抱等密切接觸的時候，眉毛閃動的動作很少出現。

眉毛會表達一個人內心的眞實想法。眉毛閃動除了作爲歡迎的信號外，如果出現在對話裡，則表示加強語氣。每當說話者要強調某一個詞語時，眉毛就會很自然地揚起並瞬即落下。

可別小看了眉毛的動作，其中傳遞了許多情緒，值得留意。

從嘴巴看出一點門道

嘴部的動作是很豐富的，種種豐富的嘴部動作，從某種程度上，可以反射出一個人的性格特徵和心理態度。

想在現實而又狡詐的人性叢林獲得成功，必須明確洞悉自己遭遇的對手是怎樣的人，透過肢體語言觀察對方是否睜眼說瞎話，並且用最正確的方法面對。這時候，如何從對方的嘴巴看出門道，就是一件值得研究的事。

對於人而言，嘴巴的重要性不言而喻。

透過它，人們可以把食物送到腸胃裡，維持生存的必需，也是透過它，進行與外界的溝通和交流。

透過嘴巴，能夠看出什麼門道呢？

嘴部的動作是很豐富的，種種豐富的嘴部動作，從某種程度上，可以反射出一個人的性格特徵和心理態度。

下嘴唇往前撇的時候，表明這個人對接收到的外界資訊，持不相信的懷疑態度，並且希望能夠得到肯定的回答。

嘴唇往前噘的時候，說明這個人的心理可能正處在某種防禦狀態。

與人交談的過程中，如果其中有人嘴唇的兩端稍稍有些向後，表示他正在集中注意力傾聽其他人的談話。

嘴角稍稍向上，看起來給人機靈或是活潑的感覺，實際上他們的性格大多也是比較外向的。

這樣的人，心胸比較寬闊，比較豁達，能夠與人融洽地相處，不固執己見。

與人交談時，用上牙齒咬住下嘴唇，或是用下牙齒咬住上嘴唇，或者雙唇緊閉，大多表示此人正用心地聽別人的講話，可能是在心裡仔細地分析對方所說的話，也可能是在認眞地反省自己。

說話時用手掩住嘴巴，說明這個人的性格比較內向和保守，經常感到害羞，不會將自己的眞實面輕易地呈現在他人面前。這個動作的另外一個意思，還表示可能是自己做錯了某件事情，而進行自我掩飾；張嘴伸舌頭也有這方面的意思，並且表示後悔。

在關鍵時刻，將嘴抿成「一」字形的人，性格大多比較堅強，有股不達目的誓不干休的頑強韌性。

這樣的人，一旦自己決定要做某一件事情，不管要付出多少艱辛，大多都會非常出色和圓滿地完成。

從小動作看出大學問，這就是嘴巴的「門道」。

從鼻子讀出一個人的心思

想對人有一個全面的認知，就必須詳細觀察和注意人的鼻子動作、顏色和目光的動向等，再考慮其他的因素。

鼻子處於人的五官中心的位置，有沒有肢體語言呢？學者們對此的看法不一，有人說有，有人說沒有。

認爲鼻子沒有肢體語言的理由，在於鼻子本身是不能動作的器官，就像耳朵一樣，無法發出訊息，也就不可能有肢體語言。至於用手摸鼻子和摸耳朵所發出的資訊，應歸納爲手的「語言」。

事實上，鼻子跟耳朵不同，對絕大多數人來說，耳朵確實不能動。就這點而言，人不如有些動物，例如狗遇到「風吹草動」，就會豎起耳朵，以動作說明有「情況」

發生。人的耳朵是「死」的，只能跟著頭動，而自己不會獨立地動。但鼻子則不然，可以做出許多細微動作。

比如，我們都熟悉的「嗤之以鼻」這個詞，說明實際上鼻子是有動作的。

在發出「嗤」的聲音時，鼻子是往上提的，只不過動作輕微，不容易察覺，但再怎麼輕微也是肢體動作的一種，傳達了「瞧不起某人」這種訊息。

前一陣子，有位研究肢體語言的學者，爲了弄清鼻子的「語言」問題，專門進行了一次觀察「鼻語」的旅行。他去車站觀察，在街頭觀察，到機場觀察，旅行了一個星期，也用心觀察了一個星期，從而得出一個結論——人的鼻子是會動的，確實是有肢體語言的器官。

他說，根據觀察，在受到異味和香味刺激時，鼻孔有明顯的張縮動作。嚴重時，整個鼻體會微微地顫動，接下來往往就出現「打噴嚏」現象。他認爲這些「動作」的目的，都在發射訊息。

此外，據他觀察，凡是高鼻樑的人，多少都有某種優越感，表現出「挺著鼻樑」

的傲慢態度。

關於這一點，可以從許多演藝圈明星身上得到印證。這位學者說，在旅途中，與這類「挺著鼻樑」的人打交道，比跟低鼻樑的人打交道要難一些。

人的五官當中，鼻子和耳朵是最缺乏活動的部位，因此很難透過觀察鼻子的動作讀出對方的心理。人們對於鼻子高、低、朝上、朝下……等形狀或種類所象徵的性格，有各種不同的說法，但畢竟是指固定不動的鼻子而言，無法掌握其他捉摸不定的動作。

也就是說，由鼻子的「長相」看人的個性，與心理動向毫無關係。我們不妨從「讀心」的角度，從注意鼻子的動靜，試著「看」出對方的內心。

•鼻子脹起來

在談話過程中，對方的鼻子若是稍微脹大，多半表示得意或對你有所不滿，或情感有所抑制。

通常人的鼻子脹大代表了憤怒或者恐懼，因爲在興奮或緊張的狀態中，呼吸和心律跳動會加速，產生鼻孔擴大的現象。因此，「呼吸很急促」一語所代表的，其實是一種得意狀態或興奮現象。

至於對方鼻子有擴大的變化，究竟是因爲得意而意氣昂揚，或者由抑制不滿及憤怒的情緒所致，就要從其他各種反應來判斷了。

・鼻頭冒汗

有時這只是對方個人的毛病，但平日沒有這種毛病的人，一旦鼻頭冒出汗珠，就是心理焦躁或緊張的表現。

如果對方是重要的交易對手時，鼻頭冒汗必然象徵了焦躁，無論如何一定要完成這個交易的情緒表現。因爲他唯恐交易一旦失敗，自己便失去機會，或招致極大的不利，於是心情焦急緊張，陷入自縛的狀態。因爲緊張，鼻頭才有發汗的現象。

而且，緊張時並非僅有鼻頭會冒汗，有時腋下等處也會有同樣反應。至於沒有利害關係的他人，出現這種狀態時，要不是心有愧意，受良心譴責，就是因爲隱瞞了秘密而緊張。

•鼻子的顏色

鼻子的顏色並不經常發生變化，但是如果整個泛白，就顯示對方的心情一定畏縮不前。如果是交易的對手，或彼此無利害關係的他人，這種現象並不要緊，多半是躊躇、猶豫的心情所致。例如，交易時不知是否應提出條件，或提出借款而猶豫不決時的狀態。

有時，這類情況也會出現在向女性告白卻慘遭拒絕的場合。由於自尊心受損、心中困惑、有點罪惡感、尷尬不安，才會使鼻子泛白。

上述的鼻子動作或表情極爲少見，平常人更不會去注意這些變化。但如想對人有全面的認知，就必須詳細觀察和注意人的鼻子動作、顏色和目光的動向等，再考慮到其他的因素，才能獲得正確的判斷。

縮下巴的人最陰狠

西方諺語說「縮下巴的人最為陰險」，那是因為憤怒時，會無所不用其極地在心裡盤算各種計謀。

我們經常會在一些陌生的場合遇到一些初次見面的人，此時可以透過身體形態，對對方做個大概的瞭解。

最直接的方式是觀察下巴，若想瞭解這個人好不好接觸，只要觀察一下他的下巴，就可做八九不離十的判斷了。

下巴的動作雖然極爲細膩，但卻能左右他人的印象。將下巴抬高或縮起，會產生不同的判別印象。

下巴縮起的人，做事多比較小心和謹慎，能夠很好地完成某一件事。但這種人多比較封閉和保守，而且疑心較重，一般情況下不會輕易地相信別人。

下巴高昂的人，給人的第一感覺往往是心高氣傲。這種感覺很多時候是正確的，因為下巴高昂的人多具有強烈的優越感，且自尊心很強，常常會否定別人，對別人取得的成績持不屑一顧的態度。

當然不能單獨看下巴，最好是把下巴視為下顎的主宰來觀察整個下顎。

下顎就人類或動物而言，是擔任發聲或咀嚼的器官。從外形上看來，男性的下顎與顴骨多帶有些許稜角。

實際上，男女下顎形態差異具有相當的決定性，所以，男人不論如何改裝成女人，下顎線條也無法矇騙人們的眼睛。

而且，下顎也決定了聲音的性質。譬如電視、電影的幕後配音者，什麼人擔任什麼角色的配音工作，據說也取決於下顎的形態。

人類與生具備的下顎形態，也可以用來推測一個人的性格傾向，譬如「擁有意志堅強的下顎者」或是「尖細的下顎表示神經質」之類。

想知曉對方現在想些什麼、想要表達什麼，心裡是不是想搞鬼時，單憑下顎的外觀形狀是不夠的。唯有留意下顎的動作，才能解讀身體言語上的含義。

提及下顎的動作，我們最容易注意到的便是「突出」與「收縮」。

處於極度疲乏的狀態，一般人會做出「伸長下顎」的動作。除了這種由於肉體上的要求而表現出來的姿態，「突出下顎」的動作，一般而言，不論男女，均屬具有攻擊性的行爲，可視爲一種表示「想撲上前去狠狠揍某人一頓」意圖的動作。

行爲心理學家迪斯蒙德·摩里斯曾經說明「某部位突出，表示帶有意圖侵略對方勢力範圍的性格」。下顎的突出也是一樣，是用來彰顯自我主張的方式。

下顎，突出的程度越大，自我主張的程度也就越高。譬如，我們經常見到「頤指氣使」之類的表現，採取此種動作，通常對方爲屬下、晚輩，或自己很明顯處於優勢地位，且很有把握自我主張必然可以完全推行時表現出來的肢體語言。在發怒時，人經常將下顎伸向前方，這也可以視爲想將憤怒情感投向對方的一種攻擊慾求表現。

另外，一般認爲下顎突出不明顯的男性，是欠缺自我主張之人，這種說法也是源自同一種論點。

由下顎的突出彰顯的自我主張，多半會利用不同形狀表現出來，最常見的即是「絡腮鬍」。

鬍子確實是使下顎更加突出，以表現自我主張的象徵。在我們身邊想必也有不少蓄留鬍鬚的人，但是一旦深入交往，通常會意外地發現他們多半屬於懦弱，缺乏個性的人。這種類型的人，心理狀態即是想將自己在語言、態度上不能表現自我主張的部分，透過蓄鬍鬚的行爲得到補償。

西方人憤怒時，往往做出將下巴前伸的動作，但東方人恰好相反，以縮下巴者居多。或許是由於國情不同所致，比起西方人的表露攻擊慾，東方人往往深藏不露，伺機反擊。

西方諺語說「縮下巴的人最爲陰險」，那是因爲憤怒時，便會無所不用其極地在心裡盤算各種計謀。

由於攻擊慾內藏的緣故，表現在肢體語言的下顎動作，也就因而不採取突出形態。乍看之下，一副十足恭順的樣子，其實內心卻潛藏著極爲複雜的情緒。由此，也可以看出東方人特有的複雜且微妙的心情。

除了下顎本身的動作之外，我們也經常見到利用手接觸下顎的動作。

撫弄下顎的行爲，因應各種狀況而有種種不同的意義。

從肢體語言學的觀點來看，這是屬於自我親密性的表現。也就是說，在出現喪失自信、不安、孤獨、話不投機的尷尬等場面時，藉著接觸自己的肉體，以掩飾心態，安慰自己。

由此可知，哪怕是微小的一舉一動，都足以洩露人內心潛藏的意識。

善用印象，達到加分影響

在社交過程中，害人之心不可有，防人之心更不可無。要告誡自己具備一定的設防意識，即建立「設防心理」。

在日常生活中，我們每天都需要與人進行交流。掌握一定的交際心理方法，將可望從衆生中脫穎而出，成爲受到注目的焦點人物。

以下幾點，值得注意：

• 首因效應

首因效應是交際心理中重要的名詞，在人際交往中對人的影響較大。人與人第一次交往中留下的印象，在對方的腦海中佔據主導地位，這種效應就是首因效應。

我們常說的「給人留下好印象」，一般所指就是第一印象，與首因效應相關。

因此，在交友、求職等社交活動中，可以利用這種效應，在他人心中留下極好的第一印象，爲以後的交流打下基礎。

• 近因效應

近因效應與首因效應相反，是最後一次見面給人留下的印象，這個印象在對方的腦海中也會停留很長時間。對於多年不見的朋友，印象最深的，必定是臨別時的情景，這就是近因效應。一個朋友總是惹你生氣，可是談起原因，大概只能說上兩三條，也是近因效應的表現。

利用近因效應，在與朋友分別時，給予眞誠的祝福，將能有效美化自己的形象，進一步產生「光環效應」。

• 光環效應

一旦對某個人有好感後，就會很難感覺到他的缺點存在，好似有光環圍繞著他，這種心理就是光環效應，所謂「情人眼裡出西施」，正是同樣的道理。

光環效應有一定的負面影響，在這種心理作用下，你很難分辨出好與壞、眞與僞，容易被人利用。

所以，在社交過程中，害人之心不可有，防人之心更不可無。要告誡自己具備一定的設防意識，即建立「設防心理」。

• 設防心理

兩個人獨處的時候，不時地會有些防範心理，人多的時候，你會感到沒有自己的空間，不確定自己的物品是否安在，就是「設防心理」。

設防心理在交往過程中會產生一定的負面作用，阻礙正常的交流，因此必須加以控制，不可過分。

02

快速辨識一個人的氣質

氣質既是內在的涵養，又是外在的表現。人可以藉知識修養來彌補氣質上的不足，遮掩缺點，並將優點發揚光大。

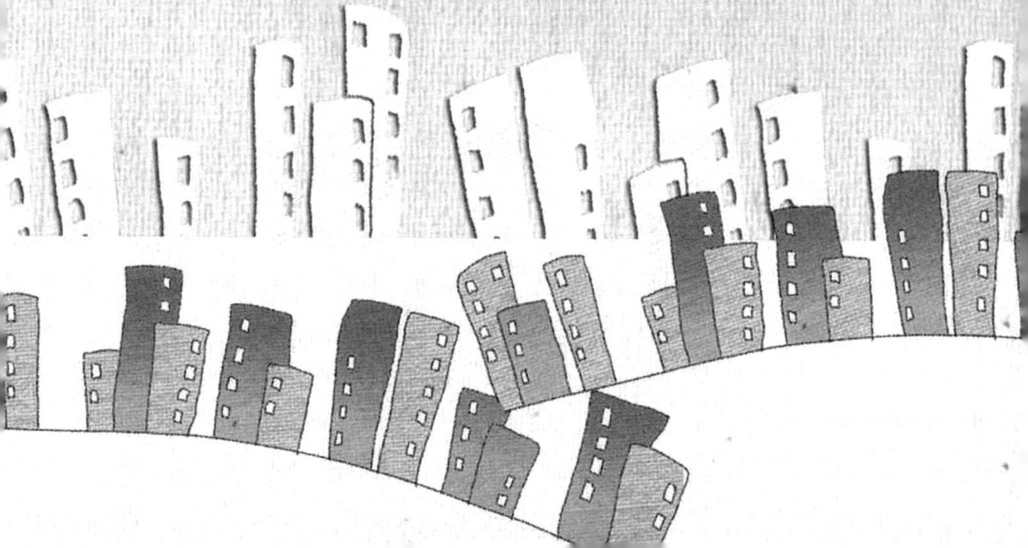

從體型看穿對方的個性

體型和個性看似不相干，其中卻有比想像更緊密的影響和聯繫，學會由體型看個性，對人際相處很有幫助。

從言談舉止中，我們可以看出一個人大致的內心活動。此外，透過對體型的觀察，更可以看出一個人的某種特殊潛質。

體型特徵是一個人的輪廓，同時也是一個人的門戶，深入加以了解，便可洞察性向，知悉內心。

以體型劃分性格特徵的方法，大致有如下幾種：

・肥胖的人比較開朗

肥胖型體型的特徵，便是胸部、腹部和臀部十分寬厚；因腹部附著脂肪，所以從整體看來，有很多贅肉。一般說來，中年是最容易肥胖的年齡段。

與這種體型的人接觸，往往可以感受到對方開放且濃郁的感情。這種人日常十分活躍，一旦被人奉承，任何事情都願意代勞，雖然總在口頭上說「很忙、很忙」，事實上，他們卻相當享受忙碌的樂趣。當然，他們偶爾也會忙裡偷閒，個性可以說相當有趣。

這類人一般會兼有開朗、積極、善良、單純的多重性格，且活潑、幽默；另一方面，又具有穩重與柔和、正反兩面性格，特別會表現在歡樂和苦悶的時候。凡此種種，正是躁鬱質特徵的外顯表現。

這類人適合從事政治、實驗工作或擔任臨床醫師，往往能出類拔萃，而且因天賦敏銳的理解，有解決問題的能力。

只是這種體型的人，對事情的思慮缺乏一貫性，言談間極易因輕率而失言，並且自恃高大，喜歡干涉他人。

如果你和這類人或這種上司交往的話，會發現他們是開放的社交人士，因此，在你們初次會面，即能一見如故，相談甚歡。

但必須當心的是，這類人喜歡照顧別人，時日一久，他們的關懷就容易演變成壓迫式的形態。

• 娃娃臉的人性格較自我中心

在你的周圍，可能經常會見到臉孔狀如小孩的人。這種特徵的人，通常自我觀念很強，雖然周圍經常洋溢熱鬧非凡的氣氛，但一旦話題的中心不再是自己，就感到不開心，對別人所說的話一點都不聽，非常任性。

這種特質的人，在各方面都有淺薄而廣泛的知識，能對小說、音樂、戲劇加以評論，講話時妙趣橫生，經常使人捧腹大笑。

一旦向這類人詢問有關他們自己的事情時，他們便會眉飛色舞地說個不停，並且在言談之間不斷標榜自己如何又如何，使人感到過於放縱驕傲，而多少產生不舒服的感覺。

從另一角度看，他們可謂是天真、浪漫的人，不知道自己還有不夠成熟的地方。

被人奉承時還好，一旦受到冷淡、排擠，嫉妒心就會變得很強烈，形成近乎歇斯底里的狀態，對於這種情況要特別注意。

在你所知道的女性中，倘若正好有這種歇斯底里型的人，最好不要多講話，任她發表演講即可。

如果你交際的對象有這種類型的人，在雙方進行生意往來時，要特別注意。過分信賴這種人，容易讓自己受到傷害。

•瘦弱的人帶點神經質

一提到神經質型，一般人都會自然地想到愁眉苦臉、弱不禁風、自言自語之類的人。

其實，神經質不僅只出現在這種型態的人身上，具有男子氣概、豪放磊落且胖嘟嘟的人可能也有同樣傾向。

這類人最大的特徵是將任何事情都歸咎到自己身上，帶有強迫性格，喜歡自尋煩惱，以至於內心想要訴說的苦衷難於表述，結果被人把責任強加到自己頭上，痛苦不已。因此，心情往往不安定，情緒容易失去平衡，且感到混亂，自己本身卻全無所覺。

但這是一種難能可貴的性格，具有豐富感受性和纖細直覺，是生活態度非常慎重的人，如果從事藝術性工作，大多可以取得過人成就。

‧略帶纖瘦但體態結實的人容易偏執

這類人雖略嫌纖瘦，但體態結實，自我意識特別強烈，而且很固執，對任何挑戰都不退縮。由於有強烈信念，充滿信心，所以不論遇到怎樣的困境，都會向成功的目標努力。

強烈的信心加上靈敏判斷，做事果斷，因而在商場上前途無量。可是，相對的，一旦往負面發展，就會變得強制、專制、高傲、猜忌、蠻橫，所有缺點表露無遺。在工作崗位上經常一言不發瞪著別人，若有一個念頭纏在腦子裡，想要更改便非常困難。

具有如此體型的人，在事業和做人方面，都缺乏應有的性格魅力。儘管是有能力且可能具有掌握相當權力潛質的人，但由於性格上的弱點，即使別人跟隨且迎合，還是會和其他人保持心理上的一定距離。

此外，在家庭生活中也可能是個孤僻的人。

和這類人交往，絕不可形成對立。他們生來具有抗爭性和攻擊性，會一直偏執地把自己的觀點強加給別人，直到被認可為止。

・纖瘦苗條型的人比較謹慎

對纖瘦型者，一般都用「苗條」一詞來形容。這類型的人，雖然看似纖弱的樣子，實質上卻是難以應付的人。若為女性，則脾氣剛烈，一旦發怒，後果將不可收拾。

與這類人交往，應該瞭解他們神經纖細並且本性善良，是對生活採取審慎態度的人，但是由於先天性格上的猶豫不決和意志薄弱，容易導致氣餒心理，令人感到難以捉摸。

他們的特徵一般是冷淡、冷靜，性格複雜又無法適當地表明立場，因而內心有相互矛盾的分裂質，比如一方面對於幻想興致勃勃，一方面又不喜歡被人探出隱私，以冷酷的面罩覆蓋著自己。

對於這類人，有人會不喜歡而不願親近，有人則認爲好似不易接近的貴族，具有羅曼蒂克的氣質，深受吸引。

經常對無關緊要的事固執己見、不懂變通、倔強，並且表情呆板，在沒考慮之前就衝動決定，這是纖瘦型的人的缺點。因爲有纖細神經的關係，有很多優點，例如文學、美術、藝術等興致盎然，且對流行感覺相當敏銳。這類型的人在社交上，其實有非常優雅的手腕，這是他們令人羨慕的優點、長處。

體型和個性看似不相干，其中卻有比想像更緊密的影響和聯繫，學會由體型看個性，對人際相處很有幫助。

快速辨識一個人的氣質

氣質既是內在的涵養，又是外在的表現。人可以藉知識修養來彌補氣質上的不足，遮掩缺點，並將優點發揚光大。

氣質是人的學識、修養和內心世界的綜合反映。

一個人的氣質和他的行爲有著密切關係，常常決定了行爲模式。辨別一個人的氣質，可以更快速讀懂他的內心世界，推斷他的行爲模式。

透過神色變化還能體現出一個人的心態：憂懼害怕的神色大都是疲乏畏縮，熱燥上火的神色大都是迷亂污穢，喜悅歡欣的神色都是溫潤愉快，憤怒生氣的神色都是嚴厲而明顯，嫉妒迷惑的神色一般是冒昧且無常。

所以，當一個人說話特別高興但神色和語言不符時，肯定是心中有事。

如果口氣嚴厲但臉色可以信賴，肯定是這個人的語言表達不太流暢敏捷；如果尚未出言便已怒容滿面，必定是心中十分氣憤；將要說話且怒氣沖沖，則表現出控制不了的樣子。

所有上述現象，都是心理狀況的外在表現，根本不可能掩飾得了。

「色」是一個人情緒的表現，「色」愉者其情歡，「色」沮者其情悲。也有不動聲色之人，必須從其他角度來鑑別他們的情緒狀態。

從現今的觀點來看，人雖然不是生而知之的，但確實與先天氣質有關係。

要瞭解各種氣質特徵，不妨對照下列內容，可以有一個大體的瞭解。

・躁鬱型

能與性格古怪、思維方法不一樣的人輕鬆往來，樂意爲他人服務，聽到悲哀的話，立即爲之感動；做事衝動，常辦錯事，被他人稱爲好好先生，遇事欠缺冷靜思考，往往立即採取行動。

這類型的人服從命令，上司吩咐做什麼都會照著做。對初次見面的人很容易親近，能輕鬆地與人談天，開玩笑，不古怪，不彆扭。

・積極型

剛毅勇敢，不輸他人，在別人的眼裡，是可以有作爲的人；不重利，認爲得利必有失，堅持信念，善於自我解釋。

這種類型的人經常積極、活躍地活動，不受當下的心情好壞影響，動手能力強，自我傾向性強，不易接受他人意見；做事有恆心，失敗了不灰心，頑強奮鬥，堅持到底，不受外在因素影響。

・分裂型

不善交際，獨自一個人也不寂寞，寧願多思考，也不輕易採取行動；總呆呆地好像在想什麼問題，對他人的喜怒哀樂並不介意，往往在人家都歡樂時，爲自己的某一件事而憂慮。

這種類型的人有點神經質，對世俗的反應顯得比一般人遲鈍，給人的印象是冷淡，不易親近；雖然沒有惡意，但有時會挖苦人家，所以進入新環境中，不容易與他人親近。

這類人看待任何事物總是從廣泛的角度去深思理由，不喜歡在某一規定範圍內一成不變地行動。

• 黏著型

做任何事從一開始就孜孜不倦，有耐心，但常被人指責不懂通融、合群；做事毫不馬虎，與人交往絕不矯情，正義感很強，處理事物時，原則性也很強，但方法不太漂亮，以致於常勃然大怒。

這種類型的人一件事未處理完之前，其他事一概不管。心情越好，動作就越慢，一方面積極，一方面卻又保守，喜好潔淨安寧。

・否定型

內心時常煩惱，但表情上不外露；自卑感強，做什麼事都猶豫不決，沒有決心堅持下去，不希望煩心的事，偏偏要留在腦子裡繼續想，即使對微不足道的小事，也表現出恐懼感。

這種類的人對自己做過的事，時常掛念在心裡，對做過的任何事都沒有滿意的時候，已經過去的不順利的事，永遠記在心裡，悶悶不樂；意志消沉，沒有耐心，應該說的，不敢說出來。

・折衷型

有時含著微笑講話，有時卻冷淡對人，時常無緣無故地不耐煩、大發雷霆；平時心情悲觀，但一有人安慰又顯得高興、愉快。

這種類型的人任性，說話表情誇張，相信道聽塗說，容易接受他人暗示；喜歡華麗，好擺闊氣，有時顯得幼稚，多嘴多舌，喜好炫耀自己。

除性格類型之外，血型也是影響氣質的一個重要因素。

我們知道，每個人都有自己的血型特徵、氣質特徵和性格特徵。血型特徵多半以遺傳爲主，絕大多數產生於先天，而性格特徵則因後天修養累積而成，可以改變，也可以影響氣質。

概括地說，氣質既是內在的涵養，又是外在的表現。人可以藉知識修養來彌補氣質上的不足，遮掩缺點，並將優點發揚光大。

解讀坐姿密碼，不失為一種好方法

坐上椅子的方式，也因個性不同而產生各式各樣的坐法。這些行為，坦白地說出了各人的心理狀態。

每個人坐下時都會呈現出不同的姿勢，有的人喜歡翹著二郎腿，有的人喜歡雙腿併攏，而有的人喜歡兩腳交疊，可說各式各樣，千奇百怪都有。

那麼，這些不同的坐姿，又各自反映了何種不同的心理呢？

・自信型坐姿

通常將左腿交疊在右腿上，雙手交叉放在大腿兩側，這樣的人有較強的自信心，非常堅信自己對某件事情的看法，與別人發生爭論時，可能根本不在意對方的觀點內容。

他們的天資很好，總是能想盡一切辦法並盡最大努力去實現自己的理想。雖然擁有「勝不驕，敗不餒」的優良品性，但當他們完全沉醉在幸福或成功之時，也難免得意忘形。

這種人很有才氣，而且協調能力很強。在生活圈子裡，總是充當著領頭的角色，而周圍的人對此也都心甘情願。不過，這種人有一個不好的習性，就是容易見異思遷，常常「這山看著那山高」，最後兩頭落空。

・溫順型坐姿

坐時喜歡將兩腿和腳跟緊緊地併攏，兩手放於膝蓋上，端端正正。這種人一般性格內向，爲人謙遜，對於自己的情感世界很封閉，哪怕與特別傾慕的人在一起，也不會說出「火辣」的語言，更不會做出親熱的舉動。對生來感情奔放的人來說，實在是難以想像和忍受。

這種坐姿的人慣於替別人著想，他們的很多朋友對此總是感動不已，正因爲如此，雖然性格內向，但朋友卻不少，因爲大家敬重他們的爲人。

在工作上，他們雖然行動不多，但卻踏實認眞，能夠埋頭爲實現自己的夢想而努力。猶如坐姿一樣，他們十分珍惜自己用辛勤勞動換來的成果，堅信的原則是「一分耕耘，一分收穫」。也因此，他們極端厭惡那種只知道空談的人，深信不努力就不會成功。

• 古板型的坐姿

坐著時兩腿及兩腳跟併攏靠在一起，雙手交叉放於大腿兩側的人，個性頑固僵化，極不願接受他人的意見，就算明知別人說的是對的，仍然不肯低下自己的頭承認錯誤。

他們明顯缺乏耐心，哪怕面對只有短短十分鐘的碰面，也時常顯得極度厭煩，甚至反感。

這種人期望凡事都能做得盡善盡美，卻又總是眼高手低。他們愛誇口，缺少求實的精神，所以總是失敗。雖然這種人雖爲人執拗，不過大多富於想像，只是經常走錯門路。

對於愛情和婚姻，他們也都比較挑剔。旁人或許認爲這種人考慮慎重，但事實不然，應該說是先天的性格決定了這一切——他們找對象往往是用自己構想的「模型」，尋找心目中的白馬王子或白雪公主，脫離了現實。而且，一旦談成戀愛，則大多數都傾向於「速戰速決」，因爲他們的想法正是「王子和公主從此過著幸福快樂的日子」。

•羞怯型坐姿

把兩膝蓋併在一起，小腿隨腳跟分開成「八」字型，兩手掌相對放於兩膝蓋中間的人，特別害羞，多說一兩句話就會臉紅，最害怕的就是出入社交場合。這類人感情非常細膩，但並不溫柔，因此經常讓他人感到莫名其妙。

這種人正是保守型代表，他們的觀點一般不會有太大變化，對許多問題的看法還停留在幾十年前。

在工作中，他們習慣於用過去的經驗作依據，這種行爲模式或許沒有錯，但在日新月異的今天，因循守舊肯定要被社會淘汰。

不過，他們對朋友的感情是相當真誠的，每當別人遭遇困難，只需打個電話，一定樂意效勞。

他們的愛情觀也受到傳統思想束縛，經常被家庭和社會壓力壓得喘不過氣。

•堅毅型坐姿

這類人喜歡將大腿分開，兩腳跟併攏，雙手習慣性放在肚臍部位。

這種人有勇氣，也有決斷力，一旦考慮了某件事情，就會立即付諸實行。在愛情方面，對某人產生好感以後，便積極主動地表明自己的意向。

不過，他們的獨佔慾和領導慾相當強，動不動就會干涉戀人的生活，可能因此引發對方的反感。

他們天生好戰，敢於不斷追求新事物，也敢於承擔社會責任。這類人當長官的權威源於自身的氣魄，其實很多人並不是真心尊重他們，只是被他們散發出的無形力量威懾而已。

從另一個角度來說，他們難以成爲處理人際關係的「高手」，當遇到比較棘手的人際關係問題時，多半只有求助於自己身邊的人，但如果是生活或經濟、事業方面帶來的壓力，則一定能夠泰然處之。

•放蕩型的坐姿

這種人坐下時常常將兩腿分開一段距離，兩手沒有固定擱放處，屬於一種開放隨性的姿勢。

這種人喜歡追求新奇，偶爾成爲引導都市消費潮流的「先驅」。他們對於普通人做的事不會滿足，總是想做一些其他人辦不到的事，或許說他們喜歡標新立異更爲貼切。

他們平常總是笑容可掬，最喜歡和人接觸，人緣也確實很好，因爲他們不在乎別人的批評，這是一般人很難做到的。以這方面來說，他們很適合於從事社會運動或類似的工作。

不過，這類人的日常行爲舉止著實讓人不敢恭維，或許很多此類型的人根本沒有意識到自己的輕浮，會給家庭和個人帶來很大煩惱。

•冷漠型坐姿

通常將右腿交疊在左腿上，小腿靠攏，雙手交叉放在大腿上。

這種人乍看非常和藹可親，很容易讓人接近，但事實卻恰恰相反，別人找他談話或辦事，總是一副愛理不理的模樣，讓你不得不反思：「怎麼會這樣？我是否花了眼？」

事實上，你沒有花眼，感覺還相當正確，他們不僅個性冷漠，而且性格中還帶有「狐狸作風」，對親人、對朋友，總要炫耀自以爲是的各種心計，讓周圍的人不得不敬而遠之。

這種人做事總是三心二意，還經常向人宣傳自己的「一心二用」理論。

•悠閒型坐姿

這種人總是半躺半坐，雙手抱於腦後，看來就是一副怡然自得的樣子。

他們的性格隨和，與任何人都相處得來，也善於控制自己的情緒，因此能夠得到大家的信賴。

他們的適應能力很強，態度正向，從事任何職業好像都能得心應手，加之毅力不弱，往往能達到某種程度的成功。

這種人喜歡接觸新事物但不求甚解，可能因爲要求的僅是「學習」而已。

他們的另一個特點是個性熱情、揮金如土。買東西常常只是憑直覺的喜歡與否，對於錢財，從來就看作身外之物，時常得承受因處理錢財過於魯莽、不謹慎帶來的苦果，儘管所掙的錢並不少。

他們的愛情生活總體來說是較愉快的，雖然時不時會點綴上一些小小煩惱，但無傷大雅。

這種人的雄辯能力雖然很強，但並不是在任何場合都想表現自己，完全取決於他們當時面對的狀況與對象。

• 坐時動作的變化

坐上椅子的方式，也因個性不同而產生各式各樣的坐法。有的人是把全身猛然扔出似地坐下，有的人則慢慢坐下，也有些人小心翼翼地坐在椅子前半部，還有些人將身體深深沉下似地坐著。

這些行爲，明白地流露了各人的心理狀態。那麼，在肢體語言上，對以上動作各作何解釋呢？

看見某人猛然坐下的行爲，一般會以不拘小節看待，其實，完全出乎所料的情形很多，也就是說，這種人表現似乎極端隨意的態度裡，其實隱藏了內心極大的不安。這是由於人具有不願被對方識破自己眞正心情的抑制心理，尤其面對初次見面者，這種心理必然更加強烈。

坐下後若馬上表現出有些不安、心不在焉的態度，更可立即看出他的眞實心情。當然，若在知心朋友之間，就不能如此論斷。

那麼，坐下之後的態度又能看出什麼呢？

舒適而深深坐入椅內的動作，可視爲向對方表現自己的心理優勢。因爲本來所謂「坐」的姿勢，是人類活動上的不自然狀態，所以坐著的人必然在潛意識中想著立即可以站起來的姿勢。心理學上，稱它爲高度「覺醒水準」狀態，隨著緊張的解除，「覺醒水準」也隨之降低。

因此若腰部逐漸向後拉動，變成身體靠在椅背、兩腳伸出的姿勢，就代表心情放鬆，認爲跟對方相處不必過分緊張。

與此相對，始終淺坐在椅子上的人，無意識地表現著自己正居於心理劣勢，且欠缺精神上的安定感。因此，對於持這種姿勢而坐的客人，要談論任何要事，或託辦何種任務，都還爲時過早，因爲他尚未定下心來。

解讀坐姿「密碼」，不失於了解一個人的好方法。

看穿個性對走路的影響

每個人都要花許多時間在步行上，也因此不知不覺在動作中融入了自己的情緒，不妨試著從路人的走姿中看出不同的故事。

走路是每個人每天都要進行的行爲，雖然看似平常，沒有半點特別，但卻最能反映出性格特徵，如循規蹈矩之人的走路姿態，與積極上進之人的走路姿態，絕對是大相徑庭。

這種分析具有一定的準確性和科學性，只要學會觀察他人的走路姿態，就能瞬間讀懂對方的眞實性格。

• 昂首挺胸的人

大多比較自信，自尊心也較強，有時則過於自負，好妄自尊大，還可能清高、孤傲。昂首挺胸的人凡事只相信自己，習慣主觀臆斷，對於人際交往較爲淡漠，經常孤軍奮戰，但思維敏捷，做事有條不紊，富有組織能力，能夠成就財富事業並完成既定目標，自始至終保持完美形象。

• 步履矯健的人

這種人比較注重現實，相當實際，精明強悍，往往是事業有成的代表；凡事三思而後行，不莽撞唐突，不好高騖遠，無論對事業還是生活，都能夠腳踏實地，一步一腳印地前進。

這種人重信義、守諾言，有「一言既出，駟馬難追」的魄力，不輕信人言，富主見和辨別能力，是可以令人放心的人。

• 健步如飛，不顧左右的人

任何人遇到緊急情況都會不顧一切地疾行，但如果無論何時都顯得匆匆忙忙，好像屁股後面著了火似的，就另當別論了。這種類型的人辦事比較急躁，雖然明快又有效率，但缺少必要的細緻，有時免不了草率行事，缺乏耐性；優點是遇事從不推諉搪塞，勇敢正直，精力充沛，喜歡面對各種挑戰。

・躬身俯首的人

這種人給人最大的印象就是自信心不足，缺乏一定的膽識與氣魄，沒有冒險精神，謙虛謹慎，不喜歡華而不實的言詞，看來彬彬有禮。

與人交往過程中，他們不會表達太多自己的感情，雖然沉默冷淡，似乎對什麼都沒有興趣或熱情，但實際上相當特別重視友誼，一旦找到了知己，就會付出眞心，甚至不惜為對方兩肋插刀。

・翩翩若舞的人

這種人多半是女人，走路時扭動腰肢、搖曳生姿。但是她們坦誠、熱情、善良、隨和，可謂社交高手。

有人形容以這種姿態走路的女人比較放蕩和輕佻，但大多數現代人認爲這是女人特有的嫵媚和迷人動作，充分展現出女性的風采和氣質。

・手足協調的人

這種人對待自己非常嚴厲，不允許有半點的差錯和放鬆，希望一舉一動都可以作爲他人的榜樣，具有相當堅強的意志力和高度的組織能力，但容易走向武斷獨裁，讓周圍的人畏懼。他們對生命及信念非常固執專注，不易受他人和外在環境影響，爲實現目的，會不惜一切代價。

・手足不協調的人

這種人走路時雙手擺動極不協調，且步伐忽長忽短，讓人看了極不自在。他們生性多疑，對什麼事都小心翼翼，瞻前顧後，責任感不強，做事往往有始無終，甚至一出狀況便溜之大吉。

‧雙足內斂或外撇的人

可以想見，這種人走起路來必定用力而且急促，但上半身維持不動。他們不喜歡交際，認爲那是無聊之人才做的事情，不願意爲此浪費時間和精力。

這類人頭腦聰明，做起事來總是不動聲色，給人意外的驚喜，但也略有保守和虛僞的傾向，知心朋友並不是很多。

‧心不在焉的人

因爲心不在焉，所以走路步調混亂，沒有固定習慣略可言，可能雙手放進褲袋，雙臂夾緊；可能雙臂擺動，挺胸闊步。這樣的人生性豁達大方、不拘小節，可以作爲好友。

‧落地有聲的人

雙足落地的時候發出清晰的響聲，行進快捷，昂首挺胸，一副精神煥發的樣子。這類型的人志向遠大，積極進取，會精心設計並打造自己的未來和生活，期望一天

過得比一天更好。理智，做事有條不紊，規規矩矩，同時注重感情，內心熱烈似火，是相當理想的情人或伴侶。

•文質彬彬的人

這種人走起路來不疾不徐，雙手輕鬆擺動，富有教養，但是生性膽小怕事，沒有遠大理想，而且不思進取，喜歡平靜和一成不變，所以總是原地踏步，只求維持現狀，遇事冷靜沉著，不輕易動怒。

以這種姿態走路的女人，多具備賢妻良母般的特質。

•橫衝直撞的人

這種人走路又疾又快，不管是在擁擠的人群當中，還是在空曠之地，一律橫衝直撞，長驅直入，而且從來不顧及他人感受。他們性情急躁，辦事莽撞，但坦率真誠，交遊廣闊，不會輕易做出有損朋友的事。

‧猶疑緩慢的人

走起路來彷彿身處沼澤地似的，行進艱難。這種人性格大多軟弱，容易退縮，不喜歡張揚和出鋒頭，遇事必定思考再三，否則絕不冒險邁出第一步，結果往往錯失良機。這種人個性憨直可愛，胸無城府，重視感情，交友謹慎。

‧慢悠悠走路的人

這類人平時總是悠哉悠哉走路，說明無所事事，遊手好閒，不務正業。他們大多性格遲緩，放任自流，凡事得過且過，順其自然，沒有太高的追求目標，缺乏進取心。

‧故弄玄虛的人

走起路來左右搖擺，喜歡裝腔作勢，明明沒什麼本事卻又要擺出一副卓爾不凡的架勢。這樣的人遇到難題不是趕緊推卸轉移就是不了了之，不允許別人有半點對不起他們。這種人由於奸詐虛偽，阿諛奉承成性，往往導致事業、愛情和生活上的失敗。

・連蹦帶跳的人

若是走起路來手舞足蹈、一步三跳且喜形於色，一定是聽到了某種極好的消息，或得到了意想不到、盼望已久的東西。這樣的人城府不深，不會隱藏自己的心思，因此往往人緣極好，朋友也不少。

・不安靜的人

這種人除了睡覺以外，沒有一刻安靜，喜歡竄上竄下。做事粗心大意，丟三落四，但慷慨好施。他們喜歡湊熱鬧，害怕孤獨，健談，常常口若懸河，評古論今。此外，思想單純，喜歡戶外活動，特別是在大自然當中徜徉。

每個人都要花許多時間在步行上，也因此不知不覺在動作中融入了自己的情緒。下一回上街時，不妨放慢腳步，試著從路人的走姿中看出不同的故事。

由睡姿剖析對方的潛意識

睡眠除了是休息的方式，也是無聲的語言，表現了一個人深層的潛意識，值得我們多投注精神去注意、詮釋。

行爲心理學家認爲，一個人以什麼樣的姿勢睡覺，是直接透過潛意識表現出來的肢體語言。

無論是假裝睡著還是眞正的熟睡，睡姿都會顯示出個人表露在外和隱藏在內的某種思想感情。

或許我們並不知道自己在睡覺時採取什麼樣的姿勢，那麼，不妨問一問身邊親近的人，然後根據實際的性格比對一下。

此外，也可以對別人進行大致的觀察，並進行瞭解。

在睡覺之時採用像嬰兒般的睡姿，這一類型的人多是缺乏安全感，比較軟弱而且不堪一擊。

他們的獨立意識比較差，對熟悉的人物或環境總有著極強的依賴心理，對不熟悉的事物則感到恐懼。

他們也缺乏邏輯思辨能力，做事沒有先後順序，常常一件事情已經發生了，卻連準備工作都還沒有做好；這種人由於責任心不強，遭逢困難當頭時，很容易選擇逃避。

採取俯臥式睡姿的人，多有很強的自信心，並且能力突出。

在絕大多數情況下，他們都能很好地把握住自己。他們對自身有非常清楚的認識，知道自己是誰，也知道正在做些什麼，對於追求的目標，抱持堅持不懈的態度，有信心也有能力實踐。

他們隨機應變的能力相當強，懂得如何調整自己。另外，還可以很好地掩飾眞實感情，不讓他人看出一點破綻。

喜歡睡在床邊的人，時常缺乏安全感，但理性比較強，能夠控制自己，儘量不使這種負面情緒流露出來，因爲他們知道事實可能並非如此，一切只是一廂情願的想法。

他們具有一定程度的容忍力，外界的刺激若沒有達到某一極限，通常不會輕易反擊、動怒。

睡覺時整個人躺在床的對角線上，多半是相當武斷的人。

這類型的人做事雖然精明幹練，但絕不向他人妥協，說一不二，旁人不得提出反對意見。

他們樂於指揮別人，期望所有事情都在自己的直接監督下完成，有很強的權力慾望，一旦得到權力就不會輕易放手，而且會越抓越緊，絕不願與他人分享。

喜歡仰睡的人多是十分開朗大方的，天性比較熱情親切，而且富有同情心，能夠很仔細地洞察他人的心理，懂得他人的需要。

他們是樂於施捨的人，在思想上相當成熟，待人處事往往都能分清輕重緩急，知道自己該怎麼做，才能達到最好的效果。

一般來說，他們的責任心很強，遇事不會推卸責任、選擇逃避，而是勇敢地面對，甚至主動承擔。

這種優秀的品格能贏得他人的尊敬，又由於他們能夠對各種事物做出準確的判斷，很容易得到他人的信賴，也會為自己營造出良好的人際關係。

把雙腳放在床外的睡姿，說明這樣的人相當疲勞，這類型的人大多工作繁忙，沒有太多時間休息。

他們的生活態度積極且樂觀，絕大多數時候顯得精力充沛，而且相當活潑，為人也較熱情和親切。他們多具有一定的實力和能力，可以同時進行許多事情，生活節奏相當快。

臉朝下，頭擺在雙臂之間，膝蓋縮起來，藏在胸部下方，背部朝外，採取這類睡姿的人，通常具有很強的防衛心理，並且時刻緊張著，準備隨時出擊。

他們的自主意識大多比較強烈，不會聽從他人的吩咐和擺佈去做一些本身不願意從事的事情，更不可能向權勢低頭。如果有人強行要求他們，就會採取必要的反擊措施。

雙手擺在兩旁，兩腳伸直坐著，這種睡姿並不多見，但仍然存在。這類型的人時刻處在高度緊張當中，生活節奏不但相當快，而且規律性極強。每天在什麼時間做什麼事情幾乎已固定下來，而在整個過程進行中，身體思想自然而然也形成了一定的規律，儼然反射動作一般。

也有人在睡覺時握著拳頭，彷彿隨時準備應戰。這一類型的人如果把拳頭放在枕頭或是身體下面，表示正試圖控制激動的情緒。如果是仰躺或側著睡覺，拳頭向外，則有向人示威的意思。

雙臂雙腿交叉睡覺的人，自我防衛意識多比較強烈，不允許別人侵犯自己。他們的性格脆弱，很難承受某種傷害，對人比較冷漠，常壓抑自己，並且拒絕將眞情實感流露。

睡眠除了是休息的方式，也是無聲的語言，表現了一個人深層的潛意識，値得我們多投注精神去注意、詮釋。

站姿是反射性格的鏡子

站姿是性格的一面鏡子，只要細心觀察周圍的人，從他們站立的姿勢語言探知性格心理，必定會有收益。

除了坐姿，站立的姿勢也可反映一個人的性格特徵。

有的人站立時抬頭、挺胸、收腹，兩腿分開直立，兩腳呈正步，像一棵松樹般挺拔，這種人是健康自信的人，也因爲自信，所以做事雷厲風行，很有魄力；其次，這樣的男人正直、有責任感，是受女孩子歡迎的對象。

相反的，站立時彎彎曲曲、頭部下垂、胸不挺、眼不平的人，則是缺乏自信，做事畏縮不前，不敢承擔風險和責任的人。

除此之外，這種人還可能是專幹偷雞摸狗勾當的人，因爲做賊心虛，自然頭抬不起，胸不敢挺。

還有一種人也如此，那就是一輩子與藥罐子爲伍的人，當然，這種苦衷大家都可以理解，實在不是天生不想挺直腰桿做人，而是因爲病毒無時無刻不在侵擾著他們的軀體。

至於站立姿勢不傾不斜的人，則是前面兩種人的折衷。

一般人遇上南風往北邊倒，遇到北風往南邊倒，但此類人就像擁有法術，活像個不倒翁。爲了不倒，非但極盡阿諛奉承、拍馬鑽營之能事，還善於僞裝，讓人覺得馬屁拍的聲音雖不大，卻很溫柔舒服。

因此，他們一般城府很深，心機深藏不露，甚至於可能陰險狡詐、心腸惡毒，不得不提防。

當然，做事缺乏主見、優柔寡斷之人也在此列。

從站立姿勢看，一般提倡丁字步，也就是兩腿略微分開，前後略有交叉，身體重心放在一隻腿上，另一隻則發揮平衡作用。

這樣不顯得呆板，既便於站穩，也便於移動。

站立的姿勢若適當，就會覺得全身輕鬆、呼吸自然、發音暢快，特別有助於提高音量，相當舒適。

只有好的站姿，才能使身體的姿勢、手勢自由地活動，才能把自己的美好形象充分地顯露出來。

基本上，無論男性或女性，站立姿勢都應給人以挺、直、高的美感。

就男性來說，站立時，身體各主要部位應舒展，頭不下垂，頸不扭曲，肩不聳，胸不含，背不駝，膝不彎，如此才能做到「挺」。

站立時脊柱與地面應垂直，在頸、胸、腰處保持正常的生理彎曲，頸、腰、背後肌群保持一定緊張度，做到「直」。

站立時身體重心提高，將重點放在兩腿中間，做到「高」。

就女性來說，站立時頭部可微低，這有利於突顯溫柔之美。至於挺胸不僅顯得朝氣蓬勃，而且更是自信的象徵，挺胸之時腹部宜微收，臀部放鬆後凸，則能增加曲線美。

在正式場合站立，注意不能雙手交叉、雙臂抱在胸前或者兩手插入口袋，更不能讓身體東倒西歪或依靠其他物體。

另外，不要與人太近，因爲每個人在下意識裡都有私人空間，逼得太近，會使對方產生被侵犯的感覺。所以在正式場合與人交談時，不要與人太靠近，而應儘量保持一定距離。

有人說：「站姿是性格的一面鏡子」，此話一點不假。只要細心觀察周圍的人，解讀他們站立的姿勢語言，探知性格心理，必定會有實質性收益。

別放過女性的腰部動作

身體的每一部份都有不同的作用，同時，也傳遞了不同的語言。若想了解他人的想法，就不該放過。

對於腰部傳遞的無聲性格和肢體語言，相對男性來說，女人的表現要微妙得多。女人的腰，是除了臀部和胸部以外的性感符號，常常以無聲的優美線條來表示不同意義。

線條和色彩是人類在有聲語言之外，最具表現能力的性格語言。女人的腰，本身就是一個線條符號，蘊涵了多種意義。

・彎腰

眾所周知，彎腰行禮是日本女人的見面語言。

彎腰形成的曲線是柔美的，溫順的，流暢的，從而形成光滑的外表，給人一種柔美溫和的感覺。

・插腰

把兩手插在自己的腰上，正如同兩隻母雞鬥架的形象，這是一種雙向的對外擴張，表示出內心的憤怒和力量。

這種語言，一般的女人為了顧及自己形象，通常不採用，當然也有相反的例子，但畢竟是少數。

・仰腰

仰腰被稱為女人的「無防備信號」，就像一座不設防的城市。如果女人坐在沙發裡，用仰腰的形式對著異性，一般的情況有兩種：一是對於眼前這個男人有絕對的信任、絕對的尊重，相信他不會對自己帶來傷害；二是一種勾引的招數，等同告訴眼前的男人：「請跟我來。」

・扭腰

扭動使腰呈現S型，這是性的象徵。凡是女人扭腰或者扭動臀部，都蘊含了招惹異性的信號。

這種語言，在從事某些特殊行業者身上，可經常看到。

・撫腰

若常常在沒有人注意時自我撫摸，可以解釋爲一種「自我安慰」行爲，同時也是「自我親切」的暗示。

身體的每一部份都有不同的作用，同時，也傳遞了不同的語言。若想了解他人的想法，就不該放過。

從服飾判斷個性

不同衣著風格，暗示了不同的個性，這正是無聲的語言，因此不妨從現在開始便細心地觀察。

「衣服是文化的表徵，衣服是思想的形象。」這是文學家郭沫若說過的話，意思是說，人可以透過衣著打扮來向外界展示自己。

隨社會的進步與發展，現在要從衣著打扮判斷一個人，難度無形之中增大了，因為現代人的喜好多樣化，不再拘泥於種種形式，所以不能完全按照傳統進行觀察和判斷。

但也正是由於張揚個性，不拘泥於形式，所有人都可以更充分地展示自己的心理狀況、審美觀點，以及性格特徵。

一般來說，喜歡穿簡單樸素衣服的人，性格比較沉著、穩重，爲人眞誠熱情。這種人在工作、學習和生活當中，大都持踏實態度，而且還能夠保持客觀和理智。但是如果過分樸素就不太好了，可能造成缺乏主體意識，軟弱且輕易屈服於別人，受到限制。

喜歡穿著單一色調服裝的人，多是個性比較正直、剛強的，這種人理性思維要優於感性思維。

喜歡穿淡色便服的人，多比較活潑、健談，且喜歡結交朋友。

喜歡穿深色衣服的人，性格比較穩重，城府相對也深，不太愛多說話，凡事深謀遠慮，但也會有一些意外之舉，讓人捉摸不定。

喜歡式樣繁雜、五顏六色衣服的人，多是虛榮心比較強，愛表現自己而又樂於炫耀，任性甚至還帶點飛揚跋扈的味道。

喜歡穿過於華麗衣服的人，有很強的虛榮心和自我顯示慾、金錢慾。

喜歡穿流行時裝的人，最大的特點就是沒有主見，不知道自己有什麼樣的審美觀，多情緒不穩定，且無法安分守己。

喜歡根據自己的嗜好選擇服裝而不跟著流行走的人，多是獨立性比較強，具果斷決策力的人。

喜愛穿著同一款式衣著的人，性格大多直率爽朗，有很強的自信，愛憎、是非、對錯往往分得很明確。優點是做事不猶豫不決，相當乾脆俐落，缺點就是過分清高自傲，自我意識太濃，常常自以爲是，令人困擾。

喜歡穿短袖襯衫的人，性格可能放縱不羈，但爲人卻十分隨和、親切。他們很熱衷於享受，凡事率性而爲，不墨守成規，喜歡有所創新、突破。當然，自主意識比較強，單純以個人的好惡來評定一切。

他們雖然看起來有點吊兒郎當，但實際上心思仍相當縝密，而且知道自己該在什麼時候做什麼，能夠三思而後行，小心謹慎，不至於因爲任性妄爲而造成嚴重的大錯。

喜歡穿長袖衣服的人，大多比較傳統和保守，爲人處世循規蹈矩，不敢有所創新和突破。從某一方面來講，他們是比較缺乏冒險意識的，但又喜愛爭名逐利，人生目標也定得很高。

這樣的人，最大優點就是適應能力比較強，這得益於循規蹈矩的爲人處世原則。不論處於什麼場合，很快就會融入其中，所以通常能營造出比較好的人際關係。他們很重視自己在別人心目中的形象，希望得到注意、尊重和讚賞，因此在衣著打扮、言談舉止等各方面，都會嚴格地要求自己。

喜愛寬鬆自然的打扮，不講究剪裁合身、款式入時衣著的人，多較內向。他們常常以自我爲中心，難以融入其他人的生活圈子裡。

他們有時候很孤獨，也想和別人交往，但在過程中，又總會遇上許多的不如意，到最後還是多以失敗告終。

他們多沒有朋友，可一旦交上了，就會非常要好。由於性格中害羞、膽怯的成分比較多，不容易接近別人，也不易被人接近，對於團體活動，一般來說是沒有太大興趣的。

穿著打扮以素雅、實用爲原則的人，多是比較樸實、大方、心地善良、思想單純，又具有一定的寬容和忍耐力者。他們爲人十分親切、隨和，做事腳踏實地，從來不會以花言巧語欺騙和耍弄他人。

此外，他們思想單純，凡事都往好的方面想，但對事物並不缺乏自己獨特的見解，具有很好的洞察力，總是能把握住事情的實質，做出最妥善的決定。

喜歡色彩鮮明、繽紛亮麗服裝的人，多是比較活潑、開朗的，單純而善良，性格坦率又豁達，對生活的態度也比較積極、樂觀向上。

他們大多聰明具有智慧，表現在外就是較強的幽默感。同時，自我表現慾望比較強，常常會製造些意外，給人帶來耳目爲之一新的感，以吸引他人的目光。

不同衣著風格，暗示了不同的個性，這正是無聲的語言，因此不妨從現在開始便細心地觀察，相信會有一番收穫。

03

注意對方的日常習慣動作

談話時喜歡和他人目光接觸的人，無疑是主動向對方展示自己的內心。

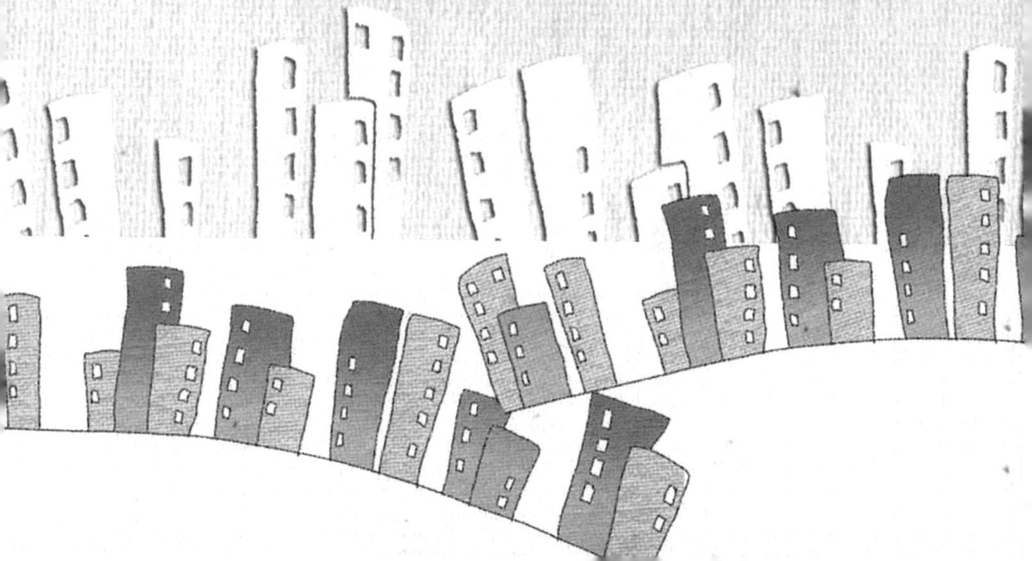

由簽名判斷個性

簽名特別小的人，工作上的表現雖然不是十分積極，但屬於自己的工作都能集中精力完成，對於功名利祿也不積極追求。

現在人們的交際圈越來越大，交際活動也越來越頻繁，亮出自己名字的機會日漸增多，於是簽名成爲人們一項重要的交際內容。

簽名有美有醜，有大氣也有小氣。各式各樣的簽名，不僅讓別人獲得簽名者的個人資訊，還能從中看出個人的性格。

簽名特別大的人，表現慾望強烈，性喜招搖。他們注重外表，總是將非常多的精力投注到衣著打扮上，期望給人留下良好的視覺感受，但沒有辦法讓人對他們念念不忘，因爲很難眞正打動他人的心。

他們在工作過程中總是將衆多任務攬到身上，能夠給人一定的信任感，但是工作成績會暴露出自身的眞實面目，就是能力有限，遇到困難便顯得軟弱無能，更有甚者無法善始善終，中途退卻。

簽名特別小的人，性格與簽名特別大的人截然相反，不喜歡在大庭廣衆之下拋頭露面、惹人注意。既不積極用特別的外表吸引他人的注意力，也不主動向他人打招呼或表示什麼。他們對自己沒有足夠的信心，工作上的表現雖然不是十分積極，但本份內的事都能集中精力完成。

簽名向上的人野心勃勃，通常都有雄心壯志，不畏艱辛，總堅定執著地朝著自己的理想前進。他們積極樂觀，會想盡辦法戰勝眼前的困難，喜歡榮譽和鮮花，更對世間的一切享受垂涎三尺，這是不懈努力的最終目的。他們可以成就大事業，但也可能將災難降臨到他人頭上。

簽名向下的人，通常是消極的等待者或妥協者，總是一副無精打采的樣子，猶如大病初愈，又好像經歷了什麼沉重的打擊。他們缺乏信心，不敢規劃未來、追求理想，見到別人取得榮譽時，雖然也會熱血沸騰，但熱情轉眼間就消失了，沒辦法成爲激勵向上的動力。

簽名向左的人，不喜歡按照常規辦事，喜歡標新立異並追求不同凡響。他們總用普通的動作表現不普通的想法，所以如果喜歡某個人，就會冷酷以待；如果討厭某個人，則會熱情周到。他們喜歡表現自我，在陌生人面前直言不諱，幸好憑藉認眞誠懇而又不失幽默的表現，往往會博得大衆的喜歡。

簽名向右的人，多半積極樂觀、信心十足，總是一副充滿朝氣、和藹親切的樣子，在人際交往過程當中經常主動向他人攀談，通常別人也會笑臉相迎。

但這並不是成爲社交高手的主要原因，他們眞正高明之處是，和人交往的時候表面上熱心參與，實際上卻置身事外，對全局進行縝密的觀察，將所有變化掌握在手中。

學會區分對方的筆跡

在社交活動中，仍可藉由他人的筆跡，分析此人的性格、品德、人生觀、主要優缺點等，以使自己的社交活動更加順利。

文字是人們傳達思想感情、進行思維溝通的一種手段，筆跡則是人體資訊的一種載體，大腦中潛意識的自然流露。透過筆跡，可以看出個性。

自二十世紀七〇年代以後，筆跡分析技術廣泛在德、法、英、美、日、以色列、澳大利亞、前蘇聯等國家的人才招聘領域應用。例如，在以色列，由於立國之初國民就來自多個不同的民族，彼此沒有共通的語言，因而要判斷一個人，唯有靠分析筆跡。

在日本，一些公司在進行人才招聘時，會將職位候選人親手所寫的字送到字相公司，經字相公司列出鑑定意見後，才統一考核，決定是否錄用。在法國，六十％以上的企業在招聘員工時，都進行筆跡分析。在台灣，隨著科學技術的不斷發展和完善，筆跡分析也逐漸應用在人才招聘中。

美國微軟集團以開發電腦軟體聞名世界，但公司招收職員時，卻有一項硬性規定，即應聘者必須抄一份十萬字以上的產品品質推薦手冊，結果從這一關上敗下陣的優秀人才不計其數。

並不是這些應試精英不會抄寫，而是這些電腦高手不知微軟的眞實意圖，十萬字抄下來，自己的性格早已被微軟公司的心理學家參透了大半。

作爲社會化的高級動物，人在認識世界、改造世界的過程中，不但能感知事物，而且能把感知的事物記下來，經過大腦複雜的思維活動，形成各不相同的世界觀和個性特徵。

這些特徵又會在一定的條件下，透過一定的形式表現出來，文字正是其中一種形式。

其實，筆跡除了後天習性之外，與遺傳也有關聯。研究中發現，直系親屬之間，儘管字體的大小、力度、肥瘦等具體特徵不盡相同，但在神韻、架構、運筆等方面，卻有驚人的相似性，這說明筆跡就像人的品性、健康一樣有遺傳性。

筆跡還與人的生活經歷、生活背景、教育程度、與人交往的密切程度、所從事的社會活動等有密切關係。一個從小就擁有充裕生活條件者的字，與從小在艱苦環境下長大者的字，在字態、字勢、風格等很多方面必定存在著差異。

人的字會經常變化，不同時期的字，特徵不一樣。一般來講，學生時代的字體由於沒有徹底定型，筆劃稚嫩、拘謹；中年時期的字，筆劃熟練、流暢、個性突出；老年時候的字，筆劃較重、筆鋒老辣、略顯僵硬。

不同心境下寫出的字，筆跡也不一致。但在長時期內，字體的主要特徵如運筆方式、習慣動作、開闔等是不變的。只是近期的字更能反應出最近的思想、感情、情緒變化、心理特點等。

在招聘新進員工時，企業會針對職位所要求的能力與性格特徵，藉由分析字跡，從眾多應聘者中找出適合的人才。例如，若某單位需招聘一位眼光遠大、有魄力、有開創能力的人做部門的負責人，筆跡分析將針對上述要求進行鑑定，並根據其他素質，做出候選人是否符合此職位的建議。

與其他測試手段相比，筆跡分析更能準確地測出應聘者的基本人格特質，以及隱藏性格。

至於對個人來說，雖然不如企業般對筆跡鑑定有強烈的需求，但在社交活動中，仍可藉由他人的筆跡，分析出對方的性格、品德、人生觀、主要優缺點等，以使自己的社交活動更加順利，免受小人的困擾。

塗鴉會洩漏心中想法

習慣畫四方形、三角形、五邊形等幾何圖形的人，多具有邏輯性，而且善於思考，組織能力相當強。

每個人都有這樣的經歷，會趁閒來無事時，在一張紙或是其他東西上隨便地塗塗寫寫。

有心理學家指出，這種無意識的亂塗亂寫，往往能顯示出一個人眞正的性格，因爲人內心的眞實感覺，會透過塗寫的過程顯露出來。

喜歡畫三角形的人，理解能力和邏輯思考能力多半比較強。在絕大多數時候都能夠保持頭腦清醒、思路清晰，有很好的判斷力和決斷力，但缺乏耐性，急躁、容易發脾氣。

喜歡畫圓形的人，做事有一定的規劃和設計，喜歡按照事先擬定的執行程序行事，多有很強的創造力和豐富的想像力。

喜歡畫多層折線的人，分析能力多半比較強，而且思維敏捷，反應迅速。

喜歡畫單式折線的人，很多時候都處在一種比較緊張的狀態之中，情緒不穩定，時好時壞，讓人難以捉摸，因爲這種圖案代表內心充滿不安。

喜歡畫連續性環形圖案的人，多能夠將心比心，會站在別人的立場上爲他人著想。他們在大多數情況下都對生活充滿信心，而且適應能力很強，無論處在什麼樣的環境都能很快融入其中，對現狀感到滿足。

喜歡在小格子中畫上交錯混亂線條的人，多半有恆心、有毅力，做什麼事情都能拿出不達目的誓不罷休的狠勁。

喜歡畫波浪形曲線的人，個性隨和，而且做事有彈性，適應能力很強。善於自我安慰，遇事願意往好的方面想。

喜歡在一個方格內胡亂塗畫不規則線條的人，情緒必定低落，心理壓力很大，但不會產生悲觀厭世的想法，對人生仍抱有很大的希望，並會尋找辦法安慰自己，朝積極的方向努力。

喜歡畫不規則曲線和圓形圖案的人，心胸多比較開闊，心態也比較平和，對環境的適應能力很強，但有點玩世不恭。

喜歡畫不定型但稜角分明圖形的人，競爭意識多半比較強，習於爭強好勝，總是希望自己能夠勝人一籌，事實上，他們也不斷地為此而努力，並且可以為了勝過他人做出犧牲。

喜歡畫尖角形圖案或紊亂平行線的人，表明內心總是充斥著憤怒和沮喪。

喜歡在格子中間畫人像的人，多半朋友很多，但敵人也不少。

喜歡寫字句的人多是知識份子，想像力比較豐富，但太常生活在想像當中，有點不切合實際。

喜歡畫眼睛的人，性格中多疑的成分佔了很大的比例，此外，這類型的人有比較濃厚的懷舊心理。

喜歡塗寫對稱圖形的人，做事多比較小心謹慎，而且會遵循已經設計好的、一定的計劃和規則行事。

有些人喜歡畫小小短短的線，周圍常有一大片空白，這些線不是相互平行，就是成直角排列。

喜歡順手畫這些東西的人多半性格比較內向，對這個社會和自己所處的環境充滿了恐懼感，總是想盡辦法逃避現實。他們可能也很聰明，但通常不會有什麼好的想法和創意，因爲總是被一些無形的東西侷限了正常的思考，從而使自己無法突破並超越障礙。事實上，那些使他們受到侷限的東西，經常是自己強加到自己身上的。

習慣畫四方形、三角形、五邊形等幾何圖形的人，多具有十分嚴謹的邏輯性，而且善於思考。他們的組織能力相當強，但有時也會讓人產生不滿，認爲太過於執著自身的信念，無法容忍那些想改變自己或否定自己意見的人。他們在爲人處世等方面多少有一些保守，但在面對各種事物時多能夠胸有成竹，知道自己該做些什麼、以什麼方式做。

喜歡畫正方體、三角錐、球體等幾何圖形的人，多比較深沉穩重，也更注重實際，性格彈性很大，能屈能伸，在面對不同情況時，能夠及時調整自己。他們善於將比較抽象的東西具象化，多有很好的經濟頭腦，是做生意的好料子，溝通能力也比較強。

喜歡畫像雲、扇子或羽毛一樣彎曲圖案的人，對新鮮事物的接收能力往往很強，而且也具有很好的適應能力。

喜歡畫一條曲線包含著另一種圖形的人，對周圍的人是相當敏感的。在遭遇挫折和磨難的時候，多能夠保持相對冷靜，積極尋找解決的辦法，而不是不加思考就貿然動手。只是這一類型的人，時常會沉浸在某種幻想當中，有一點不切合實際，脫離現實。

喜歡畫飛機、輪船和火車的人，從畫的圖形表面上理解，像是旅行的愛好者，希望把各旅遊景點全部看完，實際上，這是在發洩自己的憤怒和挫折感。他們時常會失去希望，陷入迷茫當中，並且在挫折和困難面前表現得很消極。

他們的自信心並不強，對自己也不抱什麼希望，而總是把希望寄託在他人身上，或者是遠行的夢想上。

喜歡畫有趣的線條、圓圈和其他圖形的人，多半極富有創造力，對於未知的領域有相當濃厚的興趣，並願意積極嘗試。對他們而言，沒有什麼事情是絕對的，因而時常自相矛盾，對一個問題可能會有許多不同的答案。在生活中，他們總把自己弄得筋疲力盡，可到最後卻還是無法理出頭緒。他們具有一定的才華，很博學，但卻沒有幾樣眞正精通。

喜歡畫各種不同面孔的人，多是藉畫畫的過程發洩自己內心的某種情緒。

喜歡畫一張笑臉的人多是知足常樂者；喜歡畫皺著眉頭的臉的人則恰恰相反，多半永遠也不會感到滿足；喜歡畫苦瓜臉或是扭曲變形臉的人，多代表內心非常痛苦且混亂不堪；喜歡畫大眼睛的人則代表他們的生活態度非常樂觀；喜歡用一個平凡的點代表眼睛，或是一條直線代表嘴巴，則表示心裡有疏離感。

不斷地畫同一個圖形的人，心中多有很強的慾望。一般來說，這類型人人的希望變成現實的機會都比較大，因爲他們有不屈不撓的精神，一旦確定了目標，就不會輕易改變。

當然，在遭遇挫折的時候，他們可能也會失望，但絕對不會放棄，會用最快的速度調整自己的心情，再努力爭取。他們有野心也有幹勁，無論什麼時候都知道自己在做什麼。

喜歡畫花草樹木以及田園景象的人，多是性情溫和且又非常敏感的人。他們對形狀和顏色往往具有比其他人都突出的鑑賞力。這類型的人多在文學、藝術等方面具有相當的才華和成就，天性較淡泊名利，與世無爭，只嚮往安靜平和的生活。

會不斷寫著自己名字或練習各種新鮮字體的人，自我表現慾望無疑相當強烈，可能會爲此做出一些讓人無法接受的事情。他們會經常感到迷茫和無助，不知道自己該做些什麼。之所以不斷重複寫自己的名字，就是在潛意識裡不斷的自我肯定，目的在克服目前困擾自己的某種情緒。

字跡會說話，告訴你誰是可以信賴的，誰又是必需提防的小人。

注意對方的日常習慣動作

談話時喜歡和他人做目光接觸的人，表明既希望能夠深入了解對方，也希望對方了解自己。

在日常生活當中，若僅僅依靠一張嘴，很難完成交際溝通，眞實全面地傳達出自己的感情，甚至可能被小人欺騙。所以除了語言以外，還要採用一些輔助手段，例如肢體動作。

手舞足蹈說的是人高興的手足動作，抓耳搔腮說的是人著急時候的樣子，張牙舞爪說的是人發怒時的表現……等，不難看出身體動作可以作爲表達情感的輔助工具，而旁人也可從中窺見一個人的性格特徵。

要想深入了解周圍人的眞情實感，得知內在心思，甚至察覺不軌，可以細心留意他們的一舉一動。

習慣性點頭的人，比較關心和體貼別人，知道配合的重要性。他們會及時表達自己的認同，以使說話的人增強自信，對談論話題深入思考，並得以充分發揮潛力，找出最好的解決問題方法。

在生活和工作當中，他們願意向他人伸出援手，並能夠體諒對方的弱點，在力所能及的範圍內給予援助，具有熱心助人的性格特徵。

耐心的人能夠聆聽對方的全部說話內容，給予認眞的回應，讓說話的人有被認可的感受，從而認可並欣賞他們，把他們當成可以深交的夥伴。

這類人愛交朋友，這不僅表現在能夠給予朋友力所能及的幫助，還會在內心深處關懷體貼，處處爲對方著想，時時想著幫他們排憂解難。

他們不僅隨時準備幫助朋友，最爲難得的是經常在尚未得到別人請求協助前，便主動伸出援手。

東拉西扯，頻頻打斷別人話題的人，做事同樣冒進，欠缺穩重，給人毛躁的感覺。很少有人能和他們長時間交流，更別提促膝而談，所以他們難有眞正的朋友和可以依靠的人。

分配工作給他們時，必須提防做事虎頭蛇尾，雷聲大、雨點小，千萬不要把全部希望都寄託到他們身上，否則定會吃大虧。

談話時心不在焉的人，屬於精神渙散者。不重視談話過程，更不在意談話內容，即便將他人的話語聽進耳中，多半也不能確實了解眞意。

這種結果的外在表現是辦事容易拖拉，一延再延，因爲根本就不知道對方要自己做什麼，而且得過且過。如果目標已經明確，條件也具備和成熟，往往卻又無法把精力集中，或是一心二用，或是心有旁騖，使接到手中的任務不了了之。這種人因爲毫無責任感，終身都難有所成就。

乘人不注意時窺視他人的人，屬於心術不正的類型。他們自身沒有什麼特長或驚人之處，但卻總是想著「一鳴驚人」。因爲不知如何才能實現這個願望，而且現實當中又很少有人願意理會這些空想家，往往使他們的自尊心受到傷害。

爲了實現自己的白日夢，並向別人證明自己的存在價值，他們常常費盡心機。

談話時凝視對方，是意志力堅定的表現，往往不用過多言語和動作就顯得咄咄逼人。如果眼光眞的可以殺人，他們的凝視肯定可以成爲致命武器，因爲與這種目光接觸，難免使人有受到攻擊的恐慌。

其實，大多數人之所以凝視他人，只是爲了想看穿對方的性格而已，並無實際的攻擊意圖。

談話時喜歡和他人做目光接觸的人，表明既希望能夠深入了解對方，也希望對方了解自己。與別人目光接觸，無疑主動展示自己的內心。他們充滿了自信直爽，從不懷疑自己的動作會給他人帶來不愉快。

這類人多半做事專心，會儘量滿足大家的要求，希望做出好的成績讓大衆認可自己，接納自己。他們懂得禮貌在交際中的作用，能夠把握談話分寸，非常適合從事需要面對面進行直接交流的工作。

談話時動作誇張的人，哪怕只在陳述雞毛蒜皮的小事，也會跳上跳下，擾得周圍的人不得安寧。

其實，他們的本性是好的，並非存心使要別人不舒服。之所以會有誇張的動作是因按捺不住熱情和好勝心，認爲光靠言語不足以表達心中熾熱的感情，所以必須加進一些誇張的動作，表達自己的眞實想法，並引起他人的注意。

事實上，在他們的內心深處，通常存在著許多不安，無法確定自己的表達方式能否被別人認可和喜歡。

談話時坐立不安、手足無措的人，多半精力充沛，而且事業心很重。由於身邊的工作機會很多，爲了早日實現目標，不允許自己錯過任何機會，會積極投入在正進行的所有事情當中，忙完這個忙那個，結果疲於奔命，造成個人狀態極度緊張，無法專心致志於分內工作，得不償失。

以上是幾種常見的典型，加以了解，可以幫助你在短時間內看透身邊的每一個人，尤其是必須防範的小人。

解讀飲食習慣的秘密

不喜歡和他人一起進餐，樂於自己單獨一個人靜靜地吃的人，大多性格比較孤僻，有些自命清高和孤芳自賞。

只要生活在這個世界上，就一天也離不開食物，食物對於維繫生命的重要性無庸置疑。從一個人喜歡吃什麼東西，就可以觀察出他的性格特徵，同樣，透過一個人以什麼樣的方式吃東西，也可以觀察出他的性格特徵。

・從飲食習慣看人的性格

將食物分割成若干小塊，然後一點一點慢慢吃，這樣的人多半比較傳統和保守，爲人處世小心謹慎，不會輕易得罪人，很多時候寧願充當好好先生，保持中立。這類型的人缺少冒險精神，在事業上取得的成就不是很大。生來比較機智和圓滑，有自己的主張，不會輕易接受他人的建議，但又不會太過強烈地表達自我主張。

若是吃東西時很講究順序與規律，等菜全都送上桌以後，才坐下來慢慢吃，這樣的人思考多半相當縝密，總是花很多時間考慮一件事情，直到把前前後後都想清楚，並找出了適當的應對方法以後，才會動手去做。

至於老是挑食的人，身體可能不會很強壯，但頭腦和智慧仍舊不錯。他們習慣凡事先做好準備，害怕有意外的事情突然發生，遇到突發狀況，他們會感到措手不及，不知該如何是好。

飯量很小、吃一點就放下碗筷不吃了的人，多半傳統保守。他們的一舉一動都非常小心謹慎，總是不斷努力處理好自己與他人之間的關係。

他們為了避免風險，做事喜歡墨守成規，按照舊的方法完成。這類型的人行事穩妥有餘，但衝勁不足，所以不適合創業，只適合守成。

吃飯狼吞虎嚥、兩三下就吃完的人，大多有較旺盛的精力，性情坦率豪爽，待人真誠、熱情，做事乾脆、果斷，自我意識比較強，有些時候甚至會自以為是，聽不進他人的規勸。

他們有很強的競爭心理和進取精神，絕不會輕而易舉地就向別人妥協或認輸。

吃東西的速度極慢，總是細嚼慢嚥的人，做事周密嚴謹，通常不會打沒把握的仗。生性比較挑剔，對人對己要求都比較嚴格，有時甚至達到苛刻、殘酷的程度。

吃東西不知道節制，看到喜歡的就一定要吃個夠的人，性格大多比較豪爽耿直，有很好的人際關係，具有一定的組織能力，周圍經常聚集著許多人。他們不會掩飾自己的情緒，喜怒哀樂往往全部寫在臉上，讓人一目了然。

不喜歡和他人一起進餐，樂於自己單獨一個人靜靜地吃的人，大多性格孤僻，有些自命清高和孤芳自賞。心智比較堅強，做事也很穩重，具有一定的責任心，而且言行一致。一般來說，他們的辦事能力能讓自己的上司、親人、朋友感到滿意。

對食物不挑剔的人，大多親切隨和，在各個方面都不拘小節，更不會爲一點雞毛蒜皮的小事計較。

這類型的人頭腦聰明，很有才華，而且精力旺盛，能夠同時應付好幾件事情，並做到遊刃有餘。

・飲食口味與性格

美國行為心理學家最近透過大量的研究，證明了人的性格與飲食口味有著密切的聯繫。

喜歡吃米飯的人經常自我陶醉，孤芳自賞，對人對事處理得體，為人處事比較圓滑，但互助精神差。

喜歡吃麵食的人能說善道，但常不考慮後果及影響。他們的意志不堅定，過挫折容易喪失信心。

喜歡吃甜食的人大都熱情開朗、平易近人，但平時有些軟弱膽小，略嫌缺乏冒險精神。

喜歡吃酸味食品的人具強烈事業心，但性格孤僻，不善交際，遇事喜歡鑽牛角尖，不太有知心朋友。

喜歡吃辣味食品的人善於思考，遇事有主見，吃軟不吃硬，有時愛挑剔別人身上的小毛病。

喜歡吃鹹味食品的人待人接物多半穩重、有禮貌，做事有計劃，但比較容易輕忽人與人之間的感情，有點虛僞。

喜歡吃油炸食品的人勇於冒險，有開創一番事業的願望，但受到挫折時，很容易灰心喪氣。

喜歡吃清淡食品的人多半注重人際關係，希望廣交朋友，不願單打獨鬥。

• 從吃雞蛋的方式看性格

雞蛋含有的營養成分相當豐富，這是很多人喜歡它的原因之一。除了能夠補充人體所需的各種養分外，其實還可以藉由觀察一個人如何吃雞蛋，分析他的性格與爲人處事態度。

喜歡吃炒蛋的人多善於交際，能與其他人和睦相處。他們不拘於小節，對人對事能持寬容的態度。不喜歡張揚，也不太希望引起他人注意，但對他人的態度相當敏感，別人對自己好一分，會回報十分，可是如果別人對自己惡一分，可能也會回敬別人十分。

把蛋煮得過熟，喜歡吃很硬的雞蛋的人，一般把自己隱藏保護得很好，使他人不容易親近、了解。要想認識這類型的人，需要花費較多的時間和精力。

這類型的人在外表上給人的感覺很冷酷，了解他們以後更會發現，他們的內心也同樣堅硬，不會隨便就被感動。這類人見過的世面很廣，但或許正是見得太多，遭遇得太多，導致心中缺乏溫情！

喜歡吃煮得半生不熟的蛋的人，雖然外表上看起來很固執，事實上內心脆弱，容易妥協。他們的性情熱情又溫柔，即便只是一點小小事情，可能也會感動不已。

喜歡法式煎蛋捲的人，多半是開朗又神秘的人物，外表也許有些嚴肅和呆板，但內心卻與外表存在著很大的差距。他們總是能夠隱藏一些秘密，吸引別人來探個究竟。

喜歡吃單面煎雞蛋的人，性格多半相當樂觀，充滿了積極向上的精神，對未來有著無限嚮往，並且抱很大的信心，相信自己能夠開創出一番事業，同時努力並腳踏實地做好每件事情。

喜歡吃兩面煎蛋的人，也是一個積極樂觀的人，但是他們在爲人處世方面相對地謹慎小心許多，不會不加分析和思考就莽莽撞撞地行動。正是由於這一點，他們避免了許多麻煩，多能夠有計劃地安排自己的生活。

喜歡吃荷包蛋的人多謙恭有禮，行事不招搖，行爲舉止也很恰當得體，卻經常被麻煩纏身。

喜歡吃蛋白牛奶酥（把蛋白打散，然後烤得鬆軟膨脹，蛋黃則棄置不用）的人，多有比較體面的外表，很能吸引他人的目光。但是進一步接觸後就會逐漸發現，其實內在並不那麼美好。

透過小小一顆蛋，就可以印證人的多種性格，實在是相當有趣的事情。

當眾接吻，是對彼此的關係沒信心

戀人在眾人面前接吻，就表示兩個人的關係還沒有達到很緊密的階段，想透過在別人面前的表現，來確認兩人之間的親密關係。

根據動物行爲學家德思門多．摩里斯的研究表示，越是眞正親密無間的戀人、夫婦或者是朋友，就越不會在衆人面前表現得很親密。

歐美人會當衆接吻，但東方人則不會。

那麼，爲什麼歐美人可以大方、自然地在衆人面前接吻呢？專家認爲，接吻其實和鳥類哺育動作很相似，大鳥在把食物充分地咀嚼後，把容易消化的食物餵給小鳥吃。據說，歐洲人在很久以前，母親也是採用同樣的方法來餵養嬰孩的。這樣的母愛表達，就成了接吻的起源。

但是，據心理學家說歐洲人隨著兩個人的關係逐漸親密之後，也漸漸變得不在衆人面前接吻了。

以下列舉一些眞正建立了親密關係的人彼此間表現出來的特徵，這些特徵一共有五點：

第一、使用對方名字的次數減少了。

第二、握手的次數減少。

第三、除了社交場合以外，經常安靜地一起並排坐著。

第四、對對方的擔心消失了。

第五、不會再涉及到雙方的身世問題。

不管是以上哪一點行爲都是理所當然的。從別人的立場來看待你與親密的人之間的互動，不管是哪一個特徵都是很自然的行爲。

如果暫且不去理會東西方文化的差異性，那可以說這五點是東方人與親密的人相處上基本相同的特徵。人類如果眞的變得親密無間，就不會總是黏在一起，說話時也不再結結巴巴，不用通過語言也能明白對方的意思。這點如果用摩里斯的話來說，那就是變得「可以安靜地一起並排坐著」。

所以，從這一點來看，戀人在衆人面前接吻，就表示兩個人的關係還沒有達到很緊密的階段。

若是戀人即使在很多人面前也能平心靜氣地接吻，正是表明了他們在向外界宣告「我們有多麼親密」，想透過在別人面前的表現，來確認兩人之間的親密關係。

也就是說，他們的關係才達到非得要透過在別人面前的表現來確認雙方親密度的程度而已，這樣的行爲反而會讓人識破他們還只是剛剛交往的年輕情侶而已。

另外，雖然東方人一般是不會在衆人面前接吻的，但是最近卻經常看見一些年輕人很自然的在衆人面前接吻。這可能也是因爲他們想透過在衆人面前的表現，來確認他們之間的愛情吧。

越缺乏自信，越會維護自尊心

如果沒有自信心，不安的情緒就會擴大；人只要心裡面存有不安的情緒，就會想要維護自己的自尊心。

有的母親會這樣發牢騷：「我家的小孩子，一旦考試時間接近，不但不想要念書，反而一直玩電動遊戲。」

她們覺得，如果自己嘮叨的話，孩子們反而會更加故意去玩電動遊戲。

其實，這些擔心是多餘的。即使是大人，在工作很緊張的時候，也會想出門逛街；早上要進行重要商務會議，有的企業負責人還特意跑去打高爾夫球。

大概這種類型的人，小時候都是那種當臨近考試時間了，就會一整天躺著睡覺或是看漫畫的人吧。

心理學家分析，這類型的人雖然小時候可能還未培養出對自己的自信心，但還是有不服輸的心態。

因此，當精神狀態處於不安時，就會在毫無意識當中，爲自己事先準備好可以讓別人接受的失敗原因。就是因爲存在著這種「自我障礙」，所以才會找出這種不傷害自己自尊心的做法。

考試之前熱中於電動遊戲，也是想著萬一考試得不到自己理想的分數時，就可以藉口說：「是因爲考試前玩電動遊戲才考不好」，爲自己留下一條考試考不好的後路，透過「如果沒有玩電動遊戲的話，那麼就一定可以取得好的成績」這種想法來避免自尊心受到傷害。

自信心是在不斷累積經驗當中，漸漸建立起來的。

如果沒有自信心，不安的情緒就會擴大；人只要心裡面存有不安的情緒，就會想要維護自己的自尊心。

當然，如果事先做出周全的準備，那就不會發生失敗了，但是，這種想法卻要先經歷過失敗、受到過打擊以後，才會漸漸理解並且掌握住。

大學生在考試的前一天和一些投機取巧的學生聚集在一起，討論作弊的事情，大家一邊喝著酒，一邊拼命在小小的紙條上用很小的字體寫上考試的相關內容。其實這樣的行爲也是一種「自我障礙」的體現。

爲了準備考試作弊的小抄，整整花了一個晚上，直到天色漸漸亮起來。有些人會突然醒悟似地自言自語說：「早知道做作弊的準備也是要花一個晚上的時間，那還不如一開始就好好讀書一個晚上，反正花的時間都是一樣的。」

確實如此。但是，如果沒有這樣整個晚上都在做一些愚蠢的事情，也就不會發覺如此簡單而且理所當然的道理了。

04

從行為看透一個人

行為是心理的展現，除非經過專門訓練，否則人的行為時時刻刻都能夠反映出一個人的真實個性。

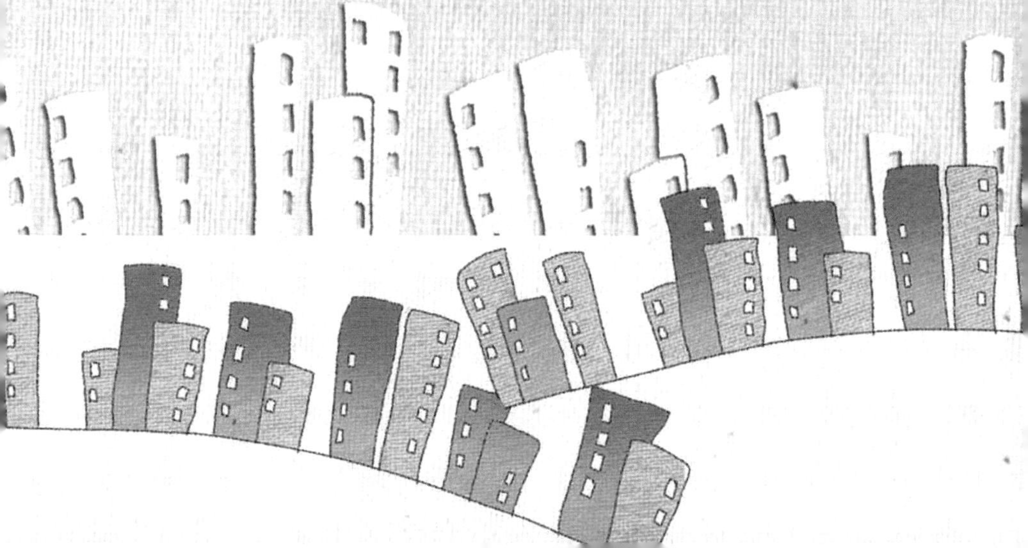

從手勢發現事實

判斷一個人是不是誠實，比較有效的方法是觀察他講話時的手掌活動。如果說的是真話，就會不由自主地伸出張開的雙手。

在通常情況下，張開手掌象徵著坦率、眞摯和誠懇，摸鼻子則是一種比較世故、隱匿的姿勢。

例如，發誓的時候，人們常常將手掌張開放在自己的胸前，以表示自己的眞誠；在法庭上，辯護人爲了表現自己的誠懇，也常常張開雙手，以贏得法官的信任。

在訴說冤情的時候，人們也常常伸出張開的雙手，並在胸前上下抖動，以此來表現自己所說的話的眞實性。當然，這一般都不是刻意訓練出來的，而是一種眞情的顯露。很多事實都可以證明張開的雙手與坦率、眞摯、誠懇有很大的關係。

行爲心理學家告訴我們，判斷一個人是不是誠實，比較有效的方法是觀察他講話時的手掌活動。如果說的是眞話，就會不由自主地伸出張開的雙手，這是一種無意識的動作，與說實話有很大的關係。

很多觀察資料還顯示，孩子對父母說謊時，常常會把手藏在背後；成人在說謊時，常常將手插在衣袋裡，或擺出雙手交叉的樣子。面對這種情況，有心人一眼就會看出其中的秘密，發現一般人看不見的心理狀態。

如果要證明一個人是不是坦誠，可以請他隨意伸出雙手：如果對方伸出的手是鬆散的，拇指與食指分開很大，那麼，這個人就是一個誠實的人。反之，如果這個人伸出的是緊握的拳頭，這個人可能不那麼誠實了。

另外，前面提過的觸摸鼻子，其做法可能是手指輕輕地來回摩擦著鼻子，也可能是很快地觸摸。女性在做這種動作時，常常是輕柔、謹愼的，就像擔心臉上的化裝被弄糟了一樣。

古人認爲，鼻子也是傳達信號的器官。據說，說謊時鼻子的神經末梢會被刺痛，摩擦鼻子是爲了緩解這種感覺。另一種比較可信的說法認爲：當不好的想法進入大腦之後，大腦下意識就指示人們用手遮著嘴，但到了最後關頭，又怕表現得太明顯，因此，就很快地在鼻子上摸一下。

總之，說話時有這種姿勢的人，是很值得懷疑的。說話的時候，如果下意識地摸鼻子，那麼可能正在有意識地掩蓋什麼。

研究發現，說話的時候用手摩擦眼睛，也是撒謊的一種表徵。

這種姿勢表示大腦想遮住眼睛所看到的欺騙、懷疑的事物；或者是在說謊時，避免正視對方的臉。

如果是明顯的撒謊，男人常常會把眼睛往別處看，通常是看地板。女人則是在眼下方輕輕地揉，爲了避免對方的注視，她們常會看著天花板。

從行為看透一個人

行為是心理的展現，除非經過專門訓練，否則人的行為時時刻刻都能夠反映出一個人的真實個性。

從一個人的言行舉止，飲食習慣等可以看出他的個性特徵，甚至推斷出他的前途命運。根據觀察資料顯示，將眼鏡腳架靠近嘴邊或放進嘴裡的行爲，主要是爲了消除某種顧慮，或對某種問題進行思考，或藉故拖延時間。至於那些不戴眼鏡的人，他們也會用鋼筆、手指、香煙等東西代替。

人在戀愛、社交、穿著、消費、開車甚至穿鞋子等等行爲當中，都可能透露出許多重要的資訊。

我們發現，正在觀賞球賽時，一旦比賽氣氛非常緊張，人們的手掌會微微地滲出汗水，這種現象是自律神經的作用，表現了一個人的精神緊張程度。這種反應是理智無法掩飾的。

行爲是心理的展現，這一點還可以從手的表現上看出來。從「握手」、「易如反掌」、「袖手旁觀」等字句探討，可以發現，手是表現人際關係最有力的情感傳達方式，利用手與手的關係，或是手的動作，便能夠解讀出對方的心理，並且還可以不費事地將自己的意思傳達給對方。

此外，手腕的表現往往也具有某種含義。具有代表性的動作是「兩手抱胸」的姿勢，如此交叉的手腕比起平常自然下垂、擺動的手腕更顯得粗大。這些都可以透露出人們的心理活動。

另外，心理學家認爲，從一個人的讀書種類，也可以看出一個人的個性，主要可以分爲以下幾類：

- 喜歡讀愛情小說：是感情型的人，極端依賴直覺、生性樂觀，通常能很快地從失望中恢復。
- 喜歡讀科幻小說：是富有創造性的人，對科技感到迷惑，喜歡計劃未來。

●喜歡讀時裝書籍：是注意自己身分的人，盡力改善自己在別人眼中的形象。

●喜歡讀歷史書刊：是很有創造力的人，不喜歡胡扯、閒談，寧願花時間做有建設性的工作，也不願意參加社交活動。

●喜歡讀自傳：是好奇心重的人，比較謹慎、野心大，在做出決定前一定會先研究各種選擇的利弊及可行性。

●喜歡看漫畫書：愛好玩樂、個性無拘無束，不會把生命看得太沉重。

嗜甜男女享受生命

女人與男人一樣，在吃甜食的時候，也一邊體味著人生的真諦。甜美的食物是一個重要組成部分，憑此享受美好的生活。

中國有句成語「秀色可餐」，有的人很喜歡吃甜食，一見到甜食心裡就非常高興。他們認爲吃甜食就像與異性親吻一樣，所以說食色相通，這句話是有道理的。甜食的性質溫和，能夠有效調整人的情緒。經常吃甜食的人，性情自然比較溫和。那些很容易狂怒的人如果多吃些甜食，脾氣就會漸漸轉好。

・男人嗜甜——好色

很多女士都喜歡性情溫和的男人，道理其實很簡單，沒有一個正常的女人情願與一個凶狠的男人共同生活，男女之間無不希望過得甜甜蜜蜜，感情如膠似漆。

愛吃甜食的男人性情溫和，經常能夠得到女性的青睞。當然，這種人也可能很會說甜言蜜語，因而獲得了女性的好感。

至於喜歡吃霜淇淋的男人，則有喜好追求女性的傾向。心理學家研究發現，男人在吃光滑細膩的霜淇淋時，就好像在親吻女性的蜜唇，這是一種移情的表現。古人曾把女性比喻爲「冰肌玉骨」，看來是很有道理的。

實事求是地說，喜歡女性並不是什麼罪過，但是如果超越了界限，或以此爲榮，這就很難說了。

如果有人以與女性偷情爲快事，這是非常危險的行爲。除了「慣犯」之外，一般的偷情者，常常都是膽顫心驚的。他們之間雖然也會產生歡樂，但是這種歡樂往往難以補償他們所受到的驚嚇。

‧女人嗜甜——純真

女人與男人一樣，在吃甜食的時候，也一邊品味著人生的美味。甜美的食物是一個重要組成部分，憑此享受美好的生活。

對於這樣的女性而言，甜食就像生活中的空氣和水，沒有甜食，她們的生活就會枯燥無味，焦躁不安。

喜歡吃甜食的女性往往孩子氣十足，只要稍不如意就會耍任性、鬧彆扭。這樣的女性常常想哭就哭、說笑就笑，給人天眞直率的印象。

如果希望請這樣的女性辦什麼事情，最好的辦法是採取誘導的方式。誘導的方式有很多，例如許願、引誘、激將……等等都可以，如果採用理性的方式試圖說服她們，可能會適得其反。

這種女性不大適合需要嚴謹工作態度才能做好的事情，她們比較適合從事演藝、時尚、服務這一類職業。

觀察飲食習慣，找出真相

從吃相可以觀察一個人的內心世界。只要仔細觀察，每個人的「吃相」都不盡相同，不同的吃相代表不同的個性。

吃東西不僅僅是爲了塡飽肚子，還是一種自我表現的重要方式。坐有坐相，站有站相，吃也有吃相。從坐相和站相中，我們可以瞭解人體傳達的某些資訊，從吃相當中，我們同樣可以看出人的某些個性。

好的吃相應該是不緊不緩、不慌不忙，不大嚼、不出聲，坐姿端正、頭部維持平衡，切忌暴食暴飲。吃東西的時候不要說話，再重要的事情都要等吃完東西再說。嚼東西的時候要心平氣和，不要發怒圖快。

吃東西快的人經常狼吞虎嚥，這樣的人容易發胖，個性比較倔強；吃東西慢的人喜歡挑食，常常細嚼慢嚥，這樣的人通常比較瘦，個性也比較溫和。

有的人吃得很少，但是卻很胖，這種人的個性往往比較寬厚，心胸寬廣，消化吸收功能比較好；有的人吃得多，但是卻比較瘦，這種人的心境往往比較煩躁，經常碰到不順心的事情，吃什麼都不香，消化吸收功能不好。

上桌前坐立不安，左顧右盼，食物一上桌就猛吃的人，大多出身不好，少時家貧。這種人吃苦耐勞、踏實肯拚，對工作兢兢業業、任勞任怨。

有的人愛乾淨，對用餐環境和餐具的清潔有特殊的要求，即使一根魚刺掉在桌上，也要撿起放到碟子裡，以方便別人收拾。這樣的人比較嚴謹，通常會稱讚別人所付出的努力，工作時有條不紊，講究整潔，生活很有規律。

有的人吃東西口味較重，食物一上桌就胡亂添加調味料，醋、醬油、辣椒，胡椒都要沾一點。

這樣的人喜歡冒險，不願意平平淡淡過生活，做事常常不會考慮太多，所以往往比較輕率。

有的人一邊進食，一邊嘮叨不停，總有說不完的話。他們由於急於和人交談，吃東西往往比較快，以至於有時候來不及將食物吞進去。

這種人做事情通常比較性急，雷厲風行，不拖泥帶水，在與他人相處時，經常顯得咄咄逼人。

有的人吃飯時悶聲不響，很少與人搭話，多數情況是專心低頭吃飯，目不斜視。這類人大多個性孤僻或比較害羞，一般較爲內向，不善於人際交往。

有的人一吃完就離開飯桌，不等候同桌的其他用餐者。這種人喜歡獨來獨往，自視甚高，常常以自我爲中心，很少與自己瞧不起的人來往。

一個人吃相很貪婪，就證明他具有獨斷專行的個性；吃得很快，但又有選擇地進食的人，工作起來十分迅速有效率；關心飲食營養成分的人，喜歡吹毛求疵；如果一個人吃得很慢，他會是很好的組織者；進食時有規律休息的人，一定是認眞做事的人；沒有胃口卻仍然狼吞虎嚥的人，對於工作無精打采，態度冷漠。

不同風格服飾傳達了不同訊息

藉由服裝讀人時應該注意的一點，就是服裝隨時都可能變化，因為每個人都有各自喜愛的衣著形式、色調以及質料等等。

衣著服飾是一個人性格特徵和內在氣質的展示，從著裝的色彩選擇，可以看出個人的性格特徵和心理動向。

「服飾是第二層膚色」，也是瞭解他人的重要途徑。

人總是試圖掩飾赤裸裸的自我，但衣著往往又使得內心想法暴露於外。在心理學中，稱此種情況爲「自我延伸」，根據這個理論，服裝與裝飾品的裝扮，在在使得內心世界更顯裸露。

生活中，經常可以看到某些人的穿著和本人年齡或身份不諧調，對於這類人，透過服飾心理學可以理解，他們往往是有意而爲之。

譬如，不少企業家和社會名流，喜歡穿深藍色粗直條紋的衣服，這並不是巧合。他們之所以這樣穿著，無非是盡可能地誇大自己的社會影響力，藉服裝上表現優勢的心理趨向。

由於藍色是具有安定感的顏色，如此裝扮自己，在自我表現的同時，也顯示了自身在社會的穩定地位。

有些人完全無視本身條件與愛好，僅是著眼於「流行」，一味地趕時髦。這種人大都有著很強的不安全感，情緒也不穩定。

相反的，對於所謂的流行毫不在乎的人，個性較爲堅強，不過也有很多是由於某種原因，把自己關在象牙塔裡，深恐被他人「同化」而失去自我。與這種人同事共處，往往會因小事而產生齬齟。

此外，還有處於兩者之間的類型，而且這種類型的數量比以前大爲增加，屬於較適度自我主張者。

藉由服裝讀人時應該注意的一點，就是服裝隨時都可能變化，因爲每個人都有各自喜愛的衣著形式、色調以及質料等等。

所以，許多時候，我們會碰到隨時改變所好、讓人無法瞭解眞正喜好的服裝爲何的人。這種人的情緒大都不穩定，或者也可能希望脫離單調的工作，過著富於變化的生活，試圖生逃避現實的表現。

還有一種人，本來一直穿著特定格調的服裝，可是，突然穿起完全不同風格的服裝。這種人大多數是因爲在物質或精神方面遇到重大刺激，使思維方式受到影響衝擊，外表也表現出重大改變。

在日常生活中，有的人喜歡穿顯眼的華麗服裝，有的人卻喜愛樸素的衣服，這都多少彰顯了不同的心理。

喜歡華麗服裝的人，自我表現慾特別強烈，但是假使華麗程度太過分的話，就成了所謂的奇裝異服了。一般而言，穿著這種服裝的人，除了自我表現慾強烈之外，獲取金錢的動機也很強烈。

有些人經常打著原色領帶，這種類型的人自我意識極強，一切順利的話，可成大器，是較突出的人物。

喜歡穿樸素服裝的人，習慣於順應體制，大都缺乏主體性。

另一種與服裝的選擇密不可分者，就是所謂的流行與心理的關係。

法國啓蒙思想家伏爾泰，曾經將「流行」比喻爲「善變而煩人的女神」。當然，有不少人極容易受這位「女神」的誘惑，但也有完全不在乎的人。

一般說來，女人在意流行，而且較容易受流行的影響，這是源於女人特有的氣質，心理學上稱之爲「同調性」。

不過，現在追求流行的男人已顯著增加，可能是對自己缺乏信心的表現，試圖藉衣著轉換對他人的印象，等同對自卑感的補償。

選擇對的飾品才能展現自己

購買飾品時，或者看見他人配戴飾品，不妨多用點心思觀察、思索、印證，捕捉其中傳遞的訊息。

一個人究竟該選擇什麼樣的飾物，才能與自己的個性匹配？只有彼此相互吻合，才能達到最好的效果。所以透過佩戴的飾物，往往能觀察出一個人的性格。

喜歡戴手鐲的人，多半用精力充沛，很有朝氣和活力。他們比較聰明、有智慧，並且具某一方面的特長。這種人頗有理想，知道自己的目標是什麼，即使有些時候感到迷茫也不會放棄，而是在行動過程中持續探索。

手是展示手鐲的必要載體，展示過程當中，人與人可以進行情感的溝通。

喜歡戴耳環的人，自我表現慾望比較強，渴望向他人展示自己的價值和地位、身分，吸引他人的目光，非常在意周遭的人對自己持怎樣的態度。

戒指相對來說是一種比較普遍的飾物，往往是個人品味、社會地位和經濟狀況的象徵。選擇的戒指和戴戒指的手指，可以代表一個人的價值觀。戒指戴在小拇指上非常生動，代表這個人喜歡燦爛華麗；戴在食指上，表示個性率直、堅強，戴在中指上則代表傳統和均衡。

講究衣著，重視整體的搭配的人，常常會配一枚胸針，這樣的人相當重視自己在他人眼中的形象。在為人處世方面多比較小心和謹慎，不會貿然做出某種決定；有一定的疑心，不會輕易地相信某一個人，即使是對非常要好的朋友，也會有所保留。他們希望自己能夠引起他人的注意，但又總是習慣用謙虛的態度掩飾這種心理。

喜歡用珠寶當做裝飾品的人，很多時候並不是為了突出表現自己的個性，而是爲了配合整體造型，達到相對和諧的印象。這樣的人自我表現慾望不是太強烈，他們更在乎的是融入到某種氛圍當中，與其他人打成一片。

喜歡佩帶體積大、燦爛醒目珠寶的人，多愛招搖和賣弄，無論走到哪裡，總會吸引許多人的目光。他們比較熱情，容易將情緒傳染給其他人，生性比較積極樂觀，喜愛幻想。

喜歡佩戴體積小而又不太顯眼的珍寶首飾的人，多半謙虛而又穩重。他們的內心多十分平靜，在任何事情面前都能保持泰然自若的態度。他們不太希望引起他人的注意，隨便、自然一些反倒更好。

選擇的裝飾品若具有很濃厚的民族風格，一般來說個性相當鮮明，總是有自己獨特的思維和見解。

下次購買飾品時，或者看見他人配戴飾品，不妨多用點心思觀察、思索、印證，捕捉其中傳遞的訊息。

體貼與說謊只有一線之隔

在儘量避免和別人接觸的「體貼」當中，沒有相互瞭解，結果變成是「為了保護自己的體貼」，實際上也就是不自覺的撒了謊。

現代的年輕人和大人對於「體貼」的定義，存在著非常大的區別。

比如，女高中生會說：「從父母親那裡要零用錢，是爲了要讓他們感受到身爲家長的感覺，這就是一種體貼。」

在公車上，有的年輕人不讓座給老年人，反而裝睡，他們的解釋竟然是：「這麼做是因爲我沒有把那個人看成是老人，這不是很貼心嗎？」

對於那些覺得應該要給老人們讓座才是體貼表現的人來說，年輕人這樣的解釋實在是太讓人吃驚了。

這些人以「體貼」爲藉口，替自己的行爲辯解，其實就是撒謊。

但是，有人說：「撒謊的人，實際上是對別人的傷痛的一種體貼表現。」

持這種觀點的人主張，越是對自己的慾望表現出坦誠的人，就越會變成撒謊的人，而且，那些知道自己的弱點就是撒謊的人，對於會撒謊的其他人，也會變得很寬容、很體貼。相反的，認爲自己才是對的人反而不會輕易原諒對方的缺點。

從另外一個方面解釋則可以說是，如果把別人的傷痛當成是自己的傷痛，越是在日常生活當中爲了處理複雜的人際關係，而不得已撒謊的人，越會體貼別人。

從剛才提到的例子來看，那些覺得沒有必要讓座的年輕人，可能曾經有過要給老人讓座，卻遭到對方拒絕的尷尬體驗。後來，他們爲了不再次遇到同樣的事情，於是就選擇避免直接和外人接觸，最終形成這種所謂「體貼」的定義。

但是，在儘量避免和別人接觸的「體貼」當中，他們卻沒有相互瞭解，或者是相互感受對方的內心想法，結果變成是「爲了保護自己的體貼」，實際上也就是不自覺的撒了謊。

男人酒醉，就會勾肩搭背

在中高年紀的男性當中，特別是那些地位比較高的人，只有在喝醉酒以後，才會毫不介意地互相勾搭著肩膀一起走路。

肢體語言學家認爲，人們內心深處所盼望的事，不管如何隱藏，一定會不經意地透過肢體動作表現出來。

如果我們平時詳加觀察周遭人物的肢體動作，久而久之我們就能揣測他們的心理變化，識破他們的謊言。

有的人平時表現出來的性情，是經由環境壓抑或是下意識刻意包裝的，因此，想了解他們眞正的心理狀態，就必須透過旁敲側擊與審愼的深入觀察，才能洞悉他們最眞實的內在。

現實生活中，以喝醉酒的人最容易表現出自己的真實性情。

喝醉酒的男人相互搭著對方的肩膀走路，這樣的行為表現出怎樣的心理呢？男性一般都很在意與對方的距離感，不管是多麼親密的朋友，男性都不會彼此挽著手或者搭著肩膀一起走路。

如果兩個男人這樣一起走路，很容易被別人認為是同性戀者。男性有很強的「公私意識」，就是因為有這樣的公私意識，一旦喝醉酒，把武裝的外衣脫下之後，就變得很邋遢、散漫。其實，想要把自己灌醉的行為就是自己想要把意識當中的外衣脫掉，然而在這樣的外衣下面，真面貌是什麼樣子呢？

現在的年輕人很懂得要如何在不同的場合下穿適合的服裝，但是中年以上的人，卻有不少人認為在別人面前出現，只有西裝和高爾夫球服裝才是適合的服裝。早期的人雖然把公私意識分辨得很清楚，但是卻只是到如此的地步而已，也就是認為，自己所處的環境不是「公」就是「私」，所謂的中間狀態是根本就不存在的，就好像認為世界上的顏色就只有黑和白兩種而已，其他的顏色根本就不存在。

在中高年紀的男性當中，特別是那些地位比較高的人，只有在喝醉酒以後，才會毫不介意地互相勾搭著肩膀一起走路。

至於那些一起在軍隊裡同吃同住的朋友，或者是在學校的宿舍裡一起住的室友，他們平時就會輕鬆地搭著對方的肩膀一起走。

在社會這個戰場上打滾多年的男性，總是穿著正式的服裝，根據不同的場合改換自己的衣服，並在不同的場合扮演不同的角色。但是應該停下腳步仔細想想，是否已經漸漸淡忘了以前那個單純和朋友相互搭著肩膀一起走路的自己，那樣無拘無束、眞實生活著的自己？

05

洞悉說謊的深層心理

在一般人眼裡，說假話或不信守承諾都是操守欺騙的行為，說明了這個人的人格和存在著問題。

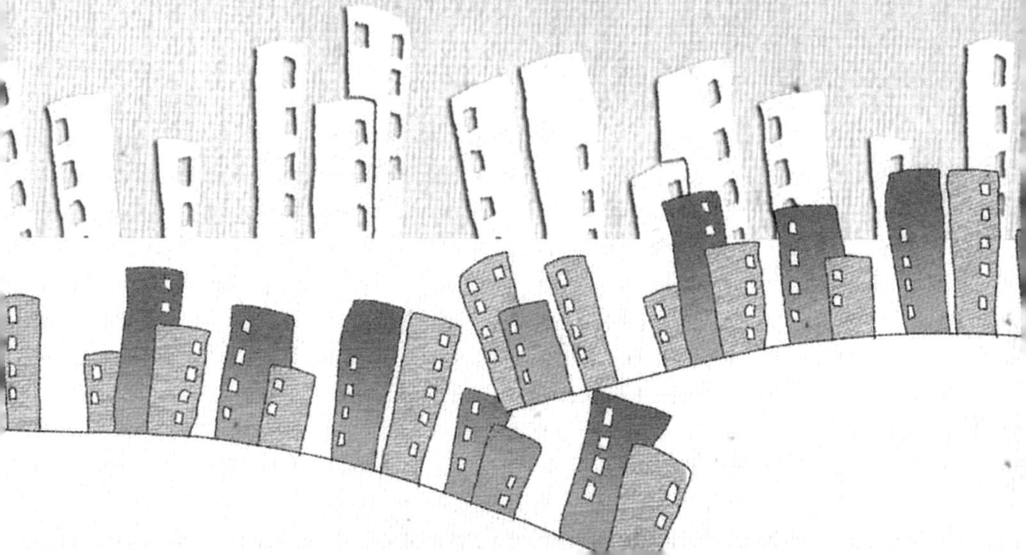

洞悉說謊的深層心理

在一般人眼裡，說假話或不信守承諾都是操守欺騙的行為，說明了這個人的人格和存在著問題。

人爲了掩飾自己緊張的心理狀態，或是擔心別人知道自己某個不欲人知的弱點，在許多場合之中，經常會一邊客客氣氣說話，一邊頻頻觸摸身體的某些部位，或是玩弄身邊的東西。

這種時候所說的話，通常都是空話，不必太過當眞。

懂得運用肢體語言代表的概念，洞悉別人內心深處隱藏著的意志和感情，同時進行各種心理狀況分析，可以幫助我們更加了解人性。

現實生活中，有些人非常善於巧飾隱瞞，也經常說謊，但我們仍能根據心理學，尤其是肢體語言，發現他們心中潛藏的秘密。

德國的心理學家休德魯進行了這樣的定義：「說謊，就是試圖透過欺騙對方，來達到目的的有意識的行為，是虛偽的談話。」

而且，他還認爲，騙子具有以下的特徵：

一、具有虛偽的意識。

一般而言，騙子對於自己要說的話，與事實不相符合的情況，是十分清楚的。

二、具有欺騙的意識。

意圖讓對方相信自己所說的和事實不符合的話，有計劃地把謊言僞裝成事實的心理。

三、本人十分清楚欺騙的目的，而且還有想要逃脫罪名和懲罰，保衛自己不受外界攻擊的心理。

雖然這樣的目的是由於利己的心理而產生的，但是，偶爾也會看到試圖幫助別人的動機。

有的人會被認爲說謊是記憶出錯、想像出錯、判斷錯誤，或者說錯話等等，如果沒有很明顯的虛僞意識和欺騙意圖，那麼就不能把這件事定義爲「說謊」。

也就是說，在一般狀況下，如果當事人只是說「我不記得有這樣的事情」，那麼就不能斷定他是在說謊。

但是，「我不記得有這樣的事情」這句話如果眞的是用在說謊的場合，就表示當事人是想逃脫罪責或者懲罰，想保護自己。

大部分的情況下，是當事人想要保護自己的利益，所以才撒謊說「我根本就不記得有這樣的事情」，但是，有的時候，有些人說這樣的話，是爲了保護上司和朋友，才把所有的罪責都攬在自己的身上。

心理學家彼得森，把「撒謊」分成「撒謊的意圖」和「撒謊的結果」兩個獨立的層面，並且從這兩個層面進行分析，分別可以分成以下三個次元。

第一、關於撒謊的意圖的三個次元：

1. 故意性：也就是到底有沒有要欺騙的意圖。
2. 動機：意圖的內容是有利自己的還是有利於他人的。
3. 結果：有沒有事先預見到結果。

第二、關於撒謊的結果的三個次元：

1.真實性：與事實有多大程度的偏差。

2.信用性：對方對你說的謊話是不是相信。

3.本質性的結果：對方由於你所說的謊話，受到了什麼樣的損害或者是受益。

不論基於什麼理由說謊，結果都可能會被烙上「因爲這個人說了謊話，以後都不可以信賴」這樣的印象。

因爲，在一般人眼裡，說假話或不信守承諾都是欺騙的行爲，說明了這個人的人格和操守存在著問題。

說謊的人總有一大堆理由

透過努力，企圖歪曲事實，這樣的謊話，一旦被發現客觀的證據，就會馬上瓦解，這就是所謂「對事實真相的歪曲、掩飾」。

「撒謊」這個詞的意思有很多，包括「不守信諾」、「對事實眞相的歪曲或掩飾」、「虛僞的」……等等。

「不守信諾」是我們最常見到的狀況，例如不守信諾的人會被公認爲「撒謊的人」。但是，這樣的人卻經常辯解說：「我並沒有說謊，我已經盡了我的最大努力，但是，結果還是變得如此的出人意料。」

意思也就是說，他本人事前所說的都是眞心的，但是由於一些意外的發生，導致事情沒有照他意料的發展，或是無法兌現承諾，因此，他認爲自己並沒有說謊。

有些政客或企業總經理，被別人檢舉有收受賄賂的行爲之時，爲了保全自己，常常對外界宣稱：「我不記得有這樣一件事情」或者說「我從來就沒有聽說過這樣的事情」……等等話語，試圖遮掩或歪曲事情，爲自己進行辯解。甚至做出銷毀有關資料、編改帳本、和同夥們串通口供等情事。透過這些努力，企圖讓人們認爲根本就沒有這回事。

這樣的謊話，一旦被發現客觀的證據，就會馬上瓦解，這就是所謂「對事實眞相的歪曲、掩飾」。

至於「虛僞的」意思，是指一些蓄意欺詐的人對別人「我是大學教授」、「我還是單身」、「我和某某政要的關係很好」、「我的親戚是大企業家」等話，或是用一些花言巧語來騙取女性的信任，並進行結婚詐欺、金錢詐欺等等犯罪行爲。

在日常生活中，我們很容易脫口說出「你騙人」這句話，但是，如果指責對方說「你是個騙子」的話，那麼不僅雙方的感情會一下子冷卻，而且對對方的人格也是很嚴重的傷害。

有的人被別人拜託說：「請你在明天之前把這個工作做好」，但是，被拜託的人卻沒有按時完成，也就是沒有遵守承諾，於是拜託的一方就會生氣地責備被拜託的一方，說他是「騙子」。

在這種時候，被拜託的人應該要考慮到對方的困難之處，即使自己可能蒙受什麼損失，也應當盡力完成工作。因爲，假如一開始的時候，拜託的一方就先聲明：「這個工作可能很困難，但是，應該能準時完成」，而被拜託的人也接受了，到時候，工作卻沒有完成，難免會被人說成是「騙子」。

相對的，拜託的一方雖然因爲對方失信而蒙受很大的損失，但是，如果將心比比，有著「他已經盡了最大的努力來工作了」這樣的想法，那麼也就不會生氣地責備對方是個「騙子」了。

越是荒唐的話，越會信以為真

患上狂言症狀的人，不僅會把事情說成是完全相反的，而且，本人甚至還認為自己所說的就是事實。

即便與實際情形差異很大，當事人還是認為他所說的話就是事實，心理學家把這樣的情況叫做「病理性的狂言症狀」。

曾經有過這樣的案例，在一個電視節目上，一個大概二十幾歲的年輕人在節目上很驕傲的說：「我有五到六個女朋友，我每個禮拜都分別和她們約會，而且，每次都送她們很貴重的禮物。」

但是，不管從這個年輕人的打扮還是外表上來看，怎麼都不像是這樣的人。因此，現場來賓或電視機前的觀眾都覺得：「不管從哪個角度來看，這樣的事情對他來說都是難以想像的。」

這就是所謂的「病理性的狂言症狀」。患上狂言症狀的人，不僅會把事情說成是完全相反的，而且，本人甚至還認爲自己所說的就是事實。

這樣的人很容易把事實和幻想混合在一起，分不清楚自己所說的是過去的事情還只是某種想像中的事情。特別是當這樣的人什麼都得不到的時候，他們就會更加說出一個接著一個的謊言。

他們表現的這些特點和普通人撒謊是不一樣的。

就先前提到的那個例子，與其說那個年輕人是病理性的症狀，還不如說是有吹牛的癖好，他甚至可能在另外一個地方，很得意地向別人公開宣佈說：「我有十個女朋友呢！」於是，周圍的人都會馬上就意識到：「這個人在說謊。」

這種愛慕虛榮又喜歡吹牛的人，經常見於那些有著歇斯底里症狀的人群當中。另外，意志薄弱、沒有什麼行爲能力的人，也經常出現這樣的症狀。

喜歡吹牛的人，通常都具有以下的特徵：

1. 虛榮心很強。想做到自己的實力所能達到的範圍以外的事，並展示給別人看。

2.爭強好勝，自我中心主義。

3.很容易受到別人的慫恿，也很容易被別人奉承的話沖昏頭。

4.很小孩子氣。

5.意志很薄弱。

6.對流行很敏感。

7.不懂得節約，很浪費。

8.看起來好像很熱情，但實際上是性情很冷漠的人，只不過是在大家面前裝出很熱情的樣子而已。

9.如果覺得生病會給自己帶來好處，就會出現「生病」這樣的「逃避現象」。這樣的情況和因為裝病而撒謊是不一樣的，而是真的身體出現了生病的狀態。比如，他們會說由於天氣的原因，身體不舒服，或者出現偏頭痛、頭暈、失眠、食慾不振、容易疲勞等症狀，甚至極端的還有休克的症狀。

10.心理恐懼症狀。例如，非常擔心自己會罹患癌症或是愛滋病等致命的疾病，非常喜歡吃藥、打針。

喜歡吹牛的人，習慣透過對方的喝彩和鼓勵來滿足自己的慾望。只要對方對自己說的話能全心投入，表現出興趣，受到感動，或者投來尊敬的目光，他們就會覺得再也沒有比這個更加讓他們高興的事情了。

爲了滿足自己的慾望，他們不僅僅撒謊，只要能讓對方相信、肯定自己，他們也願意說一些迎合對方的話。

爲了得到對方的歡心，他們會信口開河地說出諸如「我和某某政治人物的關係很好，下次我介紹你給他認識」之類的話來。

大話和謊話說多了，最後就會變成習慣性的撒謊。如果不懂得拆穿謊言，而把這種人說的話當眞，不久一定會丟很大的臉。

判斷對方是真病還是假病

裝病，才是真正的撒謊行為。當職員打電話來說因為生病要請假的時候，有的人是因為心理上出現了逃避現象，從而導致身體的病情。

人性是相當難解的，儘管有的人表現得信心十足，或是謊話連篇，但內心仍有脆弱的一面，而在無意識中，以各種動作將這些秘密都表露無遺。

人的自律神經是大腦無法控制的自動裝置，當人們受了外來的刺激，自律神經馬上就將它傳達到身體各部，同時在潛意識中表現出許多舉動來，而這些微妙的變化，就是我們進行觀察之時要把握的重點。

有些人容易出現一種現象，心理學家稱爲「虛構症」。典型的例子是，有一個叫做「洛夏墨跡測試」的心理實驗，讓一個人看著一個墨水的印記，看看他會聯想到什麼東西，有的人就製造出和此圖案毫無關係的故事出來。當然，並不能說虛構故事的人就是在撒謊，但卻可以斷定他們是在胡說八道。

關於「虛構症」，最有名的人物是十八世紀德國的繆爾西哈吾瑟男爵了。他雖然曾經參加過土耳其戰役，但是，使他更加出名的原因是——他是幻想故事《男爵的冒險》的主人翁。

《男爵的冒險》裡，有這麼一段描述：「有一天，我要去湖邊獵鴨子的時候，剛好沒有子彈了，我就把燻豬肉掛在繩子上，投到了水裡。這時候，有一隻鴨子游過來要吃燻豬肉，但是因爲燻豬肉很滑，鴨子就把頭浸到水裡，只露出一個屁股在水面上。接著，越來越多的鴨子游過來吃燻豬肉。這些鴨子大概有十幾隻，牠們叼著燻豬肉飛上了天，而我就這樣牽著這些鴨子，回到了家。」

聽了如此荒唐的故事，應該很少人會生氣地斥責胡說八道。因爲，說著這樣荒唐的故事的人，只不過是想贏得別人的喝彩和掌聲，來滿足自己的幻想慾望而已。大部份的人都知道這樣的故事只不過是編造的想像情節。

有一種病情，叫做「早晨八點鐘的頭痛」，這是一種逃避應該面對的事情而衍生的現象。例如，有的小孩子很討厭去上學，一到上學的時間，他們就會出現頭痛等身體的不適的症狀。他們會抱怨「頭好痛」或者「肚子有點不舒服」，所以「今天沒有辦法去上學」。

人一旦對自己的生活出現適應困難的現象，在被這樣的條件逼迫的情況下，身體就會出現缺乏應對這個情況的行爲，使得身體的機能出現異常。比如手會發抖，寫不了字，或者眼睛模糊，看不了書本，甚至身體不舒服，沒有辦法去上學……等等奇奇怪怪的症狀。

就客觀情形而言，這些症狀和謊稱生病是不一樣的，這樣的情況是在本人毫無意識的情況下產生的。

有的公司職員，打電話給公司說「今天頭很痛」而不去上班，實際上他是眞的頭痛。但是，上司卻會生氣地責備說：「你不要裝病。」

在這種狀況下，也許部下就會覺得很不滿：「我可是眞的生病了，爲什麼上司不能體諒我呢？」

由於逃避而產生的病情，一旦上班或者是上課時間一過，症狀就會馬上消失，這就是這種逃避心理的特徵。因爲，到了這個時候，會想著「就算現在去上班也來不及了」，於是頭也不痛了，可以在家裡看看書、聽聽音樂，輕鬆地度過。

有的公司職員爲了跟女朋友約會兜風，會煞有其事地打電話到公司請假說：「今天我身體不舒服，請讓我請假一天吧。」

這樣的行爲就叫做裝病，這才是眞正的撒謊行爲。因此，當職員打電話來說因爲生病要請假的時候，有的人是因爲心理上出現逃避現象，從而導致身體的病情，本人並沒有撒謊的意圖，所以，就不能責備這樣的職員說：「你不要撒謊了。」

內心的好惡，瞳孔無法瞞住

相思相愛的男人和女人如果眼光相互接觸，兩個人的瞳孔可能都是放大的，對方像是在對自己說：「我很喜歡你。」

觀察眼神是研究一個人是否正在說謊的入門，也是最簡單的判定原則。因爲，當一個人看到令人振奮的東西時，潛意識的運作會使瞳孔自動擴大，這是無法控制的自然反應。

我們也可以將這項心理反應活用在日常生活和工作場合之中。

假如你是一個推銷員，推銷業務的時候，不妨仔細注意一下眼前顧客的眼神。一般顧客的警戒心理都很強，不會輕易表現眞實的心意，你可以一面介紹產品，一面注意對方的眼神變化，大致上就能明白他們被哪種商品吸引，或者他們對哪種商品較有興趣。

只要你能注意到這一重點，成功的機率必然可以提高許多。

美國心理學家赫斯研究發現，他的妻子有一天在一個很光亮的房間裡面看書的時候，瞳孔也會變大，對於這個現象感到很吃驚。

本來人的瞳孔，就好像是照相機的變焦鏡頭一樣，一般而言，在聚焦光亮的東西的時候會縮小。

於是，赫斯認為：「很有可能人在看到自己感興趣的東西的時候，不管是在如何光亮的外界條件下，瞳孔都會變大。」

於是，他開始做實驗，讓男性看女性的裸體照片，另外也讓女性看男性的裸體照片。結果發現，讓男性看那些瞳孔張大的女性的照片，他們會覺得「她們看起來很溫柔，很有女性的氣質，很可愛」或者「她們看起來很有魅力」。

如果有一個男性口頭上說：「妳的眼睛好漂亮」，那麼實際上，他的含義是：「因為妳喜歡我，所以妳的瞳孔會變大」。

若是女人知道自己的瞳孔有這樣的功能，她們一定會生氣地對說這種話的男人說：「你少來了，不要開這樣的玩笑。」

相思相愛的男人和女人如果眼光相互接觸，兩個人的瞳孔可能都是放大的，兩個人都應該對對方這樣的反應感到很感動，因爲對方像是在對自己說「我很喜歡你」。這樣一來，兩個人之間的感情也就會更加深厚。

如果在和一個不怎麼喜歡的人說話，那麼就選擇一個背光的角度來和對方交談，因爲在背光的地方，表情和瞳孔都會處在一個讓人很不容易看出變化的環境。而且在背光處，人的瞳孔會自然的變大，可以輕易向對方傳達一種善意的情感。

所以，如果男性在陰暗的角落向女性表白，女性們一定要多加注意。

「光環效應」常讓騙子得逞

光環，本來是指神像背後的光圈或者光環，正是因為有了這樣一個光環，所以神像看起來會讓人覺得很了不起。

關於結婚詐欺的案件正逐年增加，充斥著社會新聞版面，曾有專家指出，其實，還有近十倍以上的人受騙沒有報案。

那些欺騙者宣稱自己的工作都是一些令人羨慕的職業，比如科技新貴、醫生、律師、教授……等等，這些都是一般大眾喜歡的行業。這些職業共同的地方，就是薪資很高，但是，一般人對這些職業真正的工作內容又不是很瞭解。這些詐欺犯所運用的就是「光環效應」。

日本曾經發生過一件有名的詐婚案例，有一個人自稱是布林斯．喬納．庫西爾，有著高高的鼻樑、金色的頭髮，總是穿著潔白的海軍服裝，開著他的愛車到處兜風。他宣稱自己是伊麗莎白女皇的外甥，一旦他結婚，女皇將會給他三億元的開支，乍看之下是一個有著令人羨慕的身分的男子。

實際上，這個男人當時已經四十幾歲了，而且是一個道道地地的日本人，身長、腿短，鼻子是整形手術的產物，頭髮是染過的。即使他鼻樑很高，頭髮是金黃色的，但是因爲個子矮，怎麼看都不像是外國人。

然而，這樣的男人，竟然能夠以結婚爲藉口，從不同女性那裡騙取了四千萬元的鉅款。他是一個以結婚爲幌子，來進行欺詐的騙子，據說，他用同樣的手法，一共把五位女性玩弄於股掌之中，讓人覺得十分可笑。

所謂的「光環效應」，就是說，如果一個人有一個地方很顯著、很優秀或者是有什麼地方很壞，那麼人們就會覺得他所有的地方都是很好、很優秀的，或者所有的地方都是很壞的。

光環，本來是指神像背後的光圈或者光環，正是因爲有了這樣一個光環，所以神像看起來會讓人覺得很了不起。

習慣詐欺的人經常利用這樣的光環效應，增加得逞的機會。

譬如，一位名爲條原誠的日本作家就是箇中高手，到了五十二歲時，就犯下十二件詐欺案件，總共要服刑十四年，是一個詐欺慣犯。

曾經有一張關於他的照片，登在報紙上面，這是他參與一起五億日圓詐騙事件曝光時的照片。照片上面的犯人條原誠，抱著一個年約五、六歲的小孩子，旁邊就坐著當時的首相田中角榮，讓人看上去，好像他們是平等的兩個很有名的人一樣。

這個條原誠實際上只不過是一個很善於展現自己的權威和信賴感的人，只是很會演戲而已。那張照片，是他出版的書籍《首相田中角榮》裡面的一張照片，是他出版這本書的時候，在田中角榮東京的官邸中照的紀念相片。

另外，在美國洛克希德公司行賄田中角榮的事件判決之前，他還藉著「支援田中首相聯合會」的名義，到處向民衆們宣傳「田中首相是無罪的」。

可是，這個所謂的「支援田中首相聯合會」，只不過是條原誠爲了展現自己和田中角榮的關係有多麼好，而特意上演的一齣鬧劇罷了，事實上「支援田中首相聯合會」根本就不存在。

條原誠利用作家的身分僞裝，透過利用田中角榮的形象以及權力，提高自己的社會地位，獲得了社會上不知情的人信任。

所謂的紀念照片也好，「支援田中首相聯合會」的活動也好，都是爲了提高他自己的光環效應而使用的一些小小道具而已。

另外，根據比較行爲學家的說法，透過小孩子的可愛行爲，可以產生一定的鎮定效果。例如，澳大利亞的原住民跟其他的種族進行交涉的時候，經常會把面前的小孩子拉近到自己的身邊，把手放在小孩子的肩膀上，然後進行交涉。

剛才提到的紀念照片當中，也出現了一個小孩子，比較行爲學家說，那就是爲了緩和田中角榮的警戒心理而使用的一個道具。看來，連習慣騙人的田中角榮也被條原誠的手段欺騙了。

懂得撒謊，代表智力成長

一旦孩子能夠自由使用語言，就會開始用一些很高明的謊言。當小孩子能夠嫻熟地使用謊言，就證明他們漸漸達到了智慧發展的頂峰。

在謊話的種類當中，既有毫無惡意的謊話，也有本質很惡劣的謊話。有的是爲了不讓對方受到傷害才撒的謊，也有的是爲了讓對方陷入到圈套當中所撒的謊。還有的謊話是爲了逃避懲罰，而有的謊話則是爲了得到榮譽。

雖然大家都說撒謊不好，但是卻沒有想到，人從很早就開始撒謊了。

比如，有的小孩會裝睡，大人叫他的時候，他就假裝打鼾，使用了高超的演技；有的小孩，明明在看一本很熟悉的畫冊，但是卻裝做不懂的樣子。

此外，有些小孩子如果周圍的人所說的話不太合他的意，那麼他可能就會裝做沒有聽見。

這種時候，他明白用一些單純的拒絕、否認的做法，或者是用哭喊、反抗等手段，是沒有什麼效果的，或者說這樣的行爲很消耗體力，於是，孩子就採取比較簡便的，而且比較有成效的——「裝做沒有聽見」的反應。

大人們總是懷著「孩子們都很單純」的想法，但是事實卻不是如此，孩子也會透過各種方式，產生很多欺騙大人的行爲。

根據美國心理學家博魯．黑格曼的長期調查研究，發現孩子撒謊的種類，其實並不會比大人少。

當然，孩子們不可能掌握所有的撒謊種類，而是在不斷成長的過程中，一點一滴學習各種說謊的方式，最後逐漸進入到大人的世界當中。

心理學家麥克魯．合伊多認爲，「當孩子第一次向家長撒謊時，也就是孩子能夠擺脫家長的束縛，獲得自由表現的時候。」

從這個角度來看，當孩子開始向家長撒謊的時候，其實也就代表了孩子能夠從依賴家長，發展到自立的時候。

對於剛剛出生的小孩子來說，世界處於一片混亂的狀態，意識當中是沒有所謂自己和他人的區別的。過了這樣所謂的「發展初期」之後，孩子就會開始意識到母親是區別於自己的一個個體。

孩子開始有個人差別的意識，是從大概六個月到兩歲左右的這段期間。

當孩子進入到明白自己以外的個體存在，明白有別於自己的個體所說的話的時候，也就是孩子開始懂得撒謊的時候。換句話說，孩子開始會矇騙別人了。

前面提到裝做沒聽見周圍大人說話的孩子，當他們長大了，到了語言和行動都比較自由的時候，再碰到這樣的情況，可能就不僅僅是裝做沒有聽見了。他們可能會從現場消失掉，或者是改變一個話題，開始另外一個行爲。

他們會故意使用這些手段，而且漸漸變得很善於使用這類手段。一旦到了孩子能夠自由使用語言的階段時，就會開始用一些很高明的謊言。

常常聽到有人說：「小孩子是很單純的。」其實，孩子們並不單純，而且越是明白撒謊，孩子的智慧發展得越好。當小孩子能夠嫺熟地使用一些謊言的時候，就證明他們漸漸達到了智慧發展的頂峰。

不必把「外交辭令」當真

僅僅在一定的特殊場合才說的話，就是所謂的「社交辭令」。撒謊和外交辭令還有幽默其實都是有相近關係的。

現實生活中專門裝飾自己外表的人很多，如果你不想老是被他們牽著鼻子走，那麼就得放聰明一點，不能單單靠著表面現象就去評斷事物，更不能根據外表和言詞去論斷一個人，才不會吃虧上當。

在現代社會中，人際關係就猶如空氣一般，誰也脫離不開這張無形的巨網，但是，光靠廣泛的交際，無法建立良好的人際關係。你必須了解誰是專說謊話的小人，小心而嚴密地加以提防，也必須知道誰才是值得你用心交往的對象，然後讓彼此的關係更緊密。

想要建立良好的人際關係，首先必須判斷什麼是眞話，什麼是假話。

想像一下，若是有一個社會是不允許一切謊言存在的，在這樣的環境下生活大概會覺得日子過得很貧乏的，甚至會讓人有快要窒息的感覺。

即使是處於重視法律的社會中，也要有空間能夠合法地撒謊。可以這樣說，愚人節的產生，就是爲了讓人可以隨意的撒謊，從而得到心理的釋放。就只有在愚人節這一天，人們可以不必擔心信譽、社會地位之類的形象，全心全意進行撒謊比賽。

很多時候，「社會默契」也允許地位高的人對地位低的人含糊其辭，例如，在政治界，如果對方說「會盡可能儘快處理」，那麼其中的意思就是「等我有機會再做」，如果說「我感到非常遺憾」，實際上就是說：「我其實並不這麼認爲，只是在這樣的場合下，只好這樣打圓場。」

說話的人言不由衷，聽話的人也多少明白這些話的含義。什麼樣的場合就說什麼樣的話，這已經漸漸成爲一種「社會默契」了，一般人是不會把別人在某個場合說的某句話當眞的，而且在教育孩子的時候，也會在不知不覺之間把這樣的「默契」教給下一代。

比如說，有的小孩子經過一家商店，看到自己很喜歡的東西，就賴在街上不走了，甚至還哭鬧著要買。在這樣的場合下，父母親並不會把這件事當成一個實際的問題來處理，也不可能真的把小孩子丟在路旁，不去理會，即使說著：「你再這樣，我可就不管你了，我要走了」，也只是稍微威脅一下而已。

或者有的父母親比較心軟，不會告訴孩子「這樣的東西，我絕對不會買給你」，而是就順著孩子的意買給孩子了。

又比如說是在人很多的地方，孩子實在是太吵鬧了，父母親感到難為情，就會說：「我下次不會帶你來了。」

在西方這樣實事求是的社會當中，一旦說出口的話，就一定要履行。也就是說，眞的下一次就不帶孩子來了。但是，在東方社會，連小孩子都知道，這一類話父母只是在當時說說而已，絕對不會當眞。

正是因爲父母親說的話和做出的事是不一樣的，所以很明顯的，他們就是在撒謊。但是，在父母親的意識當中，這些話只不過是因應當時的場合說說而已，並沒有想要撒謊的意思。

一位心理學教授說道：「僅僅在一定的特殊場合才說的話，就是所謂的社交辭令。撒謊和外交辭令還有幽默，其實都是有相近關係的。」

「不許撒謊」，不管在哪個國家都是一種社會共識。因此，在重視法律的社會當中，代替「撒謊」的「幽默」就特別發達。在言語曖昧的政治環境，就很盛行並非是撒謊的「外交辭令」。

孩子們當然是以身邊的大人們爲榜樣來學習的，因此，生活在這樣的社會環境下的孩子，很小就懂得「撒謊也是爲了方便」和所謂「外交辭令」的謊言。這樣一來，社會上充斥著謊言也就沒有什麼值得大驚小怪的了。

06

撒謊是人際關係的潤滑劑

「撒謊是人與人之間的潤滑劑」。大概有百分之七十到八十的人承認「偶爾撒一點謊，也是不得已的情況」。

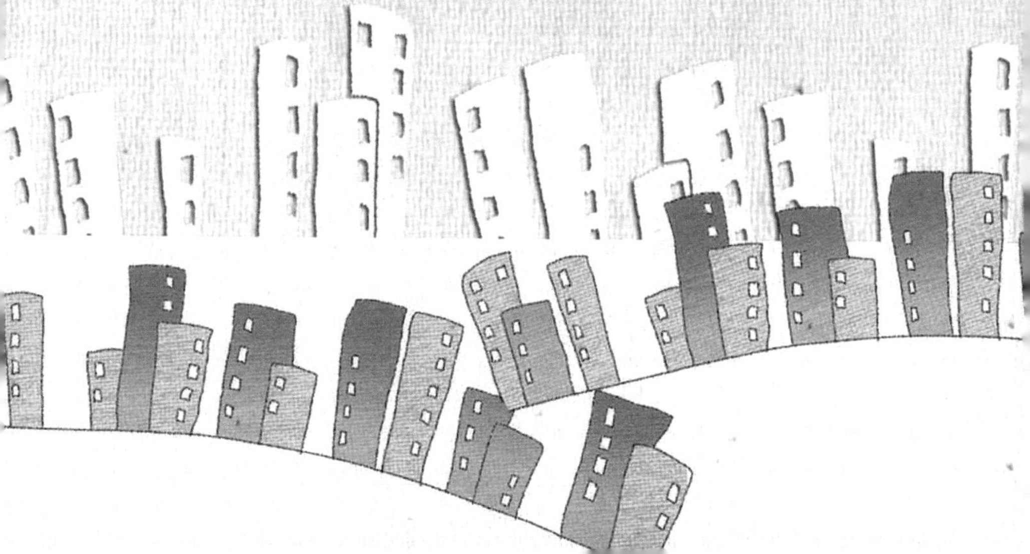

政客最擅長睜眼說瞎話

政治人物的這種睜眼說瞎話的撒謊模式，會隨著「政客」這個職業的存在，而被不斷地重複使用。

法國文豪雨果在他的著作《鐵面人》中，曾經這麼譏諷地寫道：「天底下最可憐的笨蛋，是那些從來不懷疑別人可能言行不一，而對別人所說的話一味地信以為真的人。」

確實如此，現實生活中，專門欺世盜名卻沾沾自喜的騙子並不在少數，如果不懂得透過觀察看穿他們虛偽的一面，就經常會迷惑於他們的聲名而遭到誆騙，甚至因爲他們的謊言而吃虧上當。

要洞察一個人的眞實面貌，重點並不在於聽他的嘴巴說了什麼，而是用眼睛看他究竟是怎麼辦事的。

從典型的政治人物的謊言中，可以引導出以下四種「疑惑處理方法」，行爲心理學家曾以分析謊言的方法，嘗試分析他們說謊的步驟和心理狀態。

所謂的「疑惑處理方法」，就是指政治人物爲了證明自己是無罪的，而開展了一系列爲自己開脫的典型行爲。

一、一旦被別人懷疑收受賄賂或涉嫌利益輸送，政治人物特別會很氣憤地否認：「我一分錢都沒有拿。」

二、如果被別人發現有收賄的可能性，就會對外宣稱：「你去問一下我的秘書（或者是有關人員或者妻子）。」還會說：「我問過了，但是，他們都說沒有拿。至於我自己更是不會拿了。」

三、如果事情終於到了無法隱瞞的時候，就會裝出是被害者的樣子，對外宣稱：「是秘書（或者是有關人員或者是妻子）拿了，但是沒有告訴我。他們沒有對我說出實話，我自己也被蒙在鼓裡不知道。」

四、到了最後，政治人物還是會說：「我自己並沒有犯下什麼過失，但是卻讓黨和支持我的民眾感到爲難，在社會上鬧出這麼多事情來。」試圖透過這些話，來表達自己「自責」或者是「承擔責任」的心態。

當然這些都是政治人物在裝腔作勢，只是想讓自己受到最小的損失，頂多也只是一時之間被迫離職而已。

那麼，政治人物在各個階段會有什麼樣的謊言呢？根據行爲心理學家的分析，這些階段通常分成以下幾個小點來展開。

一、雖然接受了別人的賄賂，卻對外宣稱「我沒有接受賄賂」。

二、雖然秘書（或者是有關人員或者是妻子）曾向他報告，但是，政治人物卻說「沒有向我報告」。

三、明明就知道這件事情，卻說「不知道」。

四、不僅沒有從心裡面進行反省，而且絲毫沒有想要承擔責任的意思，但是還是向外界宣稱「我會好好反省」或者說「我會承擔起責任的」。

當然，上面談到的幾點，根據不同的人和不同的場合，也會存在著細微的差別，但是，大體上情節都是一樣的。而且，專家們還對政客說各個謊言的動機進行了一番具體分析。

一、覺得很後悔、很愧疚，或者是覺得社會和媒體很麻煩。

二、不想讓自己給別人留下撒謊的印象，所以把責任推給身邊的人，也就是所謂的「人格防禦」。

三、「反省」的謊言，是爲了今後能夠重新進入政治舞台，爲了掩蓋自己的眞實內心。而「會承擔責任」的謊言，是爲了給大衆一個好印象，覺得自己並不壞，想給別人留下自己是一個很有人格的印象。

最後，關於「承擔責任」的謊言，是爲了讓各個黨派的同僚和大衆媒體覺得自己還算是很清廉的政治人物，能夠很快就忘記自己曾經撒過謊的事情。

我們不難見到，這樣的政治人物，在一段時期避風頭之後，還是會重新登上政治舞台，並且還是會重複自己以前的手段。

政治人物的這種睜眼說瞎話的撒謊模式，會隨著「政客」這個職業的存在，而被不斷地重複使用。

因為生活，某些謊話必須要說

「外交辭令」只不過是單純的想要客套一下，以表達自己的熱情，僅僅是說說罷了，人際關係必須要通過這樣的寒暄來維持。

現實生活中，圍繞在我們身邊的那些包藏禍心的小人，通常都有這樣的特徵，有的人外表看起來古道熱腸，但是，卻經常在背地裡玩弄挑撥離間的陰險伎倆，或是編造一些虛妄不實的話語，試圖迷惑我們的心智。

他們從中獲得某些利益，就代表著我們蒙受損失。

因此，千萬不要被別人刻意僞裝的表象所蒙蔽，也不要輕信別人所說的話語，應該審慎觀察他們是否表裡如一。

眞正聰明睿智的人，最大的特點就是，只要看到事物的外貌，就能夠運用智慧去理解它的本質，並且用最適當的方法去面對，不會因為覬覦眼前的「甜頭」而讓自己吃盡「苦頭」。

不管是誰，都希望自己在喜歡的人、上司，或者是自己很在意的人面前，留下自己很優秀的印象。

因此，在他們面前要很老實地承認自己不懂某件事，並不是一件容易的事情。但是，職位越高的人就越會有這樣的想法：「如果我承認自己連這個也不知道，那不是太丟人了嗎？」然後就會很自然的想要通過「撒謊」來保全自己的形象。

比如說，有人問你是否讀過某位獲得諾貝爾文學獎的作家的作品，或者是有沒有讀過關於這些作品的評論，很多人都會不由自主地說出：「看過了。」

一旦對方繼續追問那一部作品的內容是什麼，則可能會一邊裝出一副在回想的樣子，一邊說：「這個呀……我是很早以前看的……」然後試圖從一些有關的文章中，極力想要回憶出相關的內容。

如果對方問的是剛剛上市的熱門新書，可能有的人會回答說：「我剛好最近正在看這本書。」但實際上卻不曾看。等到下一次再見面，結果當然只有繼續撒謊。

一旦這樣的謊言被揭穿，結局是非常悲慘的。不僅在此之前被對方認為是優點的地方都會一筆勾銷，甚至連自己本來就擁有的優點也會連帶遭到否認。本來只是想讓自己在對方的心目中有一個比較好的形象，卻沒有想到結局如此出人意料。

這就是所謂「不破壞人際關係的說話方式」，仔細思索其中的邏輯，會覺得似乎很離譜，然而這卻是我們日常生活當中經常使用的說話方式。所謂「外交辭令」的撒謊，最常見到的現象。

有時候有人會向你拜託某件事，你可能會回答對方：「可以，沒有問題」，而事實上，你卻沒有空，結果就變成在撒謊。

假設有人打電話進來，而你當時非常忙碌，甚至沒有辦法空出手來接電話，但為了維持人際關係卻不得不說謊。

打電話過來的人，很少有人會先問一下對方：「你現在有空嗎？」一般都是直接說起事情來。接電話的人通常不會主動說出「我現在很忙」之類的話，即使對方問：「你現在有空嗎？」一般人還是會勉強自己騙對方說「有」。

新屋落成的通知請帖上，經常會在最後寫上這樣的話：「如果您到我的新居附近，請一定要來我家作客。」但是，如果你眞的沒有事先通知對方，就唐突地到對方的新居，往往會給對方造成困擾。

另外，有的人會在談話結束的時候告訴對方：「隨時歡迎您來作客。」但是，如果繼續追問「隨時」到底是指什麼時候，對方經常會答不上來。

實際上，這類話就是「外交辭令」，只不過是單純的想要客套一下，以表達自己的熱情，僅僅是說說罷了。

儘管這些「外交辭令」並不是眞心話，但不可否認的，就是在這樣的互相寒暄中，使得生活漸漸變得圓融起來。

有時候，人際關係也必須要通過這樣言不由衷的話語來維持。

矇騙對方的同時，可能被對方矇騙

我們可能在這樣的場合下撒這樣的謊，在那樣的場合撒那樣的謊，有時候在矇騙對方的同時，也被對方給矇騙了。

在這個爾虞我詐的社會裡，人的本性本來就是狡猾虛僞、欺詐殘忍、言行不一，因此，如果你不想受傷害，就必須具備識破「騙人與被騙」的智慧，如此一來才能避開各種陷阱和危機。

不管置身任何場合，我們都不能過度強調人性的光明面，而對別人不加以防範，淪爲「容易上鉤的魚」。

因爲，人性並不完美，因此如果你的眼中看見的都是正人君子，那麼，就註定你要因爲自己不長眼睛而遭殃。

說到撒謊，一般會聯想到的是「騙人的人」和「被騙的人」。

有位行爲心理學家對我們認知的「矇騙和被矇騙」的人際關係，提出了不一樣的看法。他認爲實際上也存在著並不只是「矇騙和被矇騙」關係的謊言。另外，他也認爲謊言並不同時存在著「揭露和被揭露」的特點。

這位心理學家舉例說，很多冤案當中，那些原來坦承罪行的犯人在第二次調查取證的時候推翻供詞，最後都獲得無罪宣判。

他們第一次承認犯罪的時候，好像鬼迷心竅似的，說出了一些好像是實情的謊言來，構成了所謂的「虛僞的坦白」。

如果是眞正的犯人否認自己所犯下的罪行，那麼他就很明顯的在撒謊。檢察官爲了不被矇騙，就要採取揭露謊言的心態來調查整個案件。

所謂的調查取證，基本上是以嫌疑人就是罪犯的前提進行調查。

而那些極力想要證明自己毫無罪過的人，最後可能因爲實在是沒有辦法忍受別人不聽他們的辯解，而做出了「坦白」的行爲。

案件調查從兇器、屍體、蒐證漸漸開展。如果一開始的假設就不是事實，那麼接下來的調查，當然會往錯誤的方向發展。這樣一來，並不是一個人在說謊，而是很多人一起編織了一個謊言的大網。

我們處於這樣的社會環境當中，夫婦之間、父母親和孩子之間、老師和學生之間、上司和部下之間，各自都背負著不同的角色關係。從前面的觀點來思考，我們其實是在共同製造出自己所期待的角色，謊言的大網並不是個人的所作所為，而是整個社會的共同行為。

只要我們好好回想一下，可能就會發現自己在這樣的場合下撒這樣的謊，在那樣的場合撒那樣的謊，有時候，我們也會在不知不覺當中，在矇騙對方的同時，也被對方給矇騙了。

撒謊是人際關係的潤滑劑

「撒謊是人與人之間的潤滑劑」。大概有百分之七十到八十的人承認「偶爾撒一點謊，也是不得已的情況」。

信口開河是小人最常見的面貌，恭維與承諾則是他們最常使用的武器，言而無信則是他們一貫的行徑。

因爲，虛情假意最能模糊別人的視聽，也最能掩飾自己的卑劣的動機，而背信忘義則是爲了保住自己的既得利益。

現實生活中，吃了小人的暗虧，上當過一次之後，就要懂得小心提防這些騙人伎倆，千萬別再受到第二次欺騙。

在我們的生活週遭，之所以會有那麼喜歡說謊的人，原因就在於他們渴望獲得某些利益，或是恐懼失去某些賴以維生的屏障，因此才會不擇手段地想要透過說謊欺騙別人或是討好別人。

在人際關係當中，謊話到底會給人什麼樣的觀感呢？

行爲心理學家曾透過問卷調查，分析了一般人對「撒謊的印象」，根據分析結果，大致可以分爲四種類型。

一、否定類型。這樣的人對撒謊有很不好的印象，認爲撒謊「是矇騙人的行爲」，或者是「很壞的」、「很狡猾的」，總之，就是對撒謊持完全否定的態度。

二、消極的肯定類型。這樣的人覺得「撒謊可能有某些必要性，但無論如何，撒謊還是不對的」，或者認爲「盡可能不要撒謊」，這樣的人用這樣的想法來消極地承認撒謊的行爲。

三、積極的肯定類型。持有這樣的想法的人，認爲「撒謊是很方便的」，對撒謊所造成的效果持積極肯定的態度。

四、總論性的記敘類型。這樣的人對於撒謊到底是好還是壞，或者是否有必要撒謊，都沒有明確提出自己的態度。而是好像字典一樣，說出一些論述性的意見，比如「撒謊可以減少人和人之間的摩擦」或者「撒謊是人與人之間的潤滑劑」。

調查對象不論是大學生、社會人士、男性或女性，都佔有相近的比率。

這四種類型出現比例最多的，是第三種「積極的肯定類型」，大概佔總數的百分之三十到四十之間。

其次比較多的是第一種「否定的類型」，大概佔總數的百分之二十到三十之間。第四種「總論性的記敘類型」的人，佔了總數的百分之二十左右；第二種類型「消極的肯定類型」的人只佔了百分之十左右。

從上面的分析，我們可以知道，大概有百分之七十到八十的人承認「偶爾撒一點謊，也是不得已的情況」。

比起男人，女人更能表白自己的謊言

不管是有意撒謊，或者是出於無奈而撒謊，有的人對於這樣的自己覺得很厭惡，很多人都是處於理想和現實的矛盾當中的。

據統計，女性大約有百分之八十五的人有過撒謊的經歷，這是不是可以說明女性比男性更會撒謊呢？

心理學家說，這樣的差別，要從性別的差異來進行考慮。

第一點，根據心理治療專家休拉魯多的診療經驗發現，女性比起男性具有更容易自我表白的特點。

特別是面對自己的母親或者是朋友時，女性尤其容易向對方表白自己的心意。

所謂的「自我表白」，就是把自己的情況、自己的心意透過言語，向別人誠實表達出來。從這個「自我表白」的性別差異上來看，女性比起男性，更願意把自己曾經撒謊的經歷記錄下來。

第二點，比起男性，女性更加具有撒謊的動機。

撒謊的時候，女性因爲動機比較強烈，所以在記憶當中也就相對的可以保存比較長的時間。反過來說，男性撒謊的時候動機性較低，比較不容易把撒謊的行爲保存在自己的記憶裡。於是，對自己的撒謊行爲比較有印象的女性，自然也就會在問卷當中塡寫自己撒謊的經歷。

第三點，男性即使是撒了謊，也不會向外人透露，這是男性的特性。

男人即使說謊，也會在大家面前不斷辯解：「我不記得我撒過謊。」或者說：「我並沒有撒謊。」

塡寫有過撒謊經歷的女大學生，有百分之五十五的人對撒謊的印象是「肯定」類型，「否定」類型的人的則佔百分之二十四。

另外，在男大學生中，承認自己有過撒謊經歷的人，有百分之四十六的人對撒謊的印象屬於「肯定」類型，而有百分之三十一的人屬於「否定」類型。

與這些資料相對的，認爲自己沒有過撒謊的經歷的人當中，對撒謊的印象屬於「肯定」類型的人佔了百分之三十四，而屬於「否定」類型的人佔了百分之二十一。

也就是說，雖然這些人覺得撒謊是不好的行爲，並對撒謊抱有否定的態度，但是女性當中，還是有百分之二十四的人，男性有百分之三十一的人都有撒謊過的經歷。至於把撒謊和不好的行爲劃上等號，可能只是一種表面的說法而已。

對自己說謊的經歷當中，有的人認爲：「不管是有意撒謊，或者是出於無奈而撒謊，對於這樣的自己，都覺得很厭惡。」

這也說明了，有很多人都是處於理想和現實的矛盾當中的。

心理學家也指出一種現象，公開宣稱「撒謊是不好的行爲」或者說「撒謊在有些情況下可能是必要的，但是，這樣的行爲還是不對的」，越是這樣說明的人，反而撒的謊越多。

男人和女人說謊理由大不相同

男性透過撒謊使自己處於比對方要優勢的地位。相對於男性，女性的撒謊通常都是為了要和對方保持良好的人際關係。

行爲心理學家透過分析，把撒謊的內容歸類成下列十二種類型。

1. 防備底線。比如把和別人的約會，用某個理由推辭掉，或者告訴對方自己的行程和目的地與原來的有所變動，把能夠預先想到的麻煩事先避免掉，這種時候撒的謊就叫做「防備底線」。

2. 能力以及經歷。因爲自己的能力和經歷低於或者高於對方，想要在彼此的關係中處於比較優勢的地位，或是能使雙方關係更爲和諧而說的謊話。

3. 為了避免尷尬場面。當對方問到你有沒有做什麼事情的時候，雖然明明沒有做，但是馬上就當場和對方說自己做了。例如，不熟的朋友問你吃中餐了沒，你為了避免要和他一起吃飯而稱自己吃飯了。

4.利害關係。當處於和金錢、權力有關的場合時，為了讓自己和對方的關係是有利於自己的，就會說出一些撒謊的話來。

5.依賴性。這類型的撒謊，包含希望對方能夠理解自己的感情，同時也希望對方能夠保護自己。

6.隱瞞罪惡。為了隱瞞自己所做出的不好的事情而撒的謊。

7.合理化。說出一些理由，為自己不能遵守約定，或者為自己約會遲到找一些藉口。為了避免被對方責備，在對方開口之前，搶先說出自己編造的理由和藉口，這樣的撒謊是為了合理化自己的行為。

8.破壞約定。一旦和對方約定了，卻因為某些原因而不能夠遵守，這種時候所說出的謊言，不一定都是有意圖而撒的謊。

9.體貼對方。如果說出實話的話，可能會對對方造成傷害，為了避免給對方造成傷害而撒的謊。

10. **找藉口**。即使知道事情的眞相，但是還是覺得雙方可以不去計較，可以一笑置之，透過開玩笑的形式來撒的謊。

11. **誤會**。與其說是撒謊，還不如說是由於自己的知識常識不足，而導致誤會，結果變成了說謊。

12. **面子問題**。雖然自己買的彩票沒有中獎，卻告訴別人「我中獎了」，或者，明明沒有女朋友，卻告訴對方「我有女朋友了」……等等，是爲了讓自己在別人面前的形象能夠比較好而撒的謊。

對於那些覺得「撒謊是很有必要的」或者是覺得「撒謊很方便」的人來說，大部分的人可以認同的是第一種避免麻煩的人際關係和問題的「防備底線」謊言，以及第七種想要維護人際關係，和保護自己的「合理化」謊言，還有第三種「爲了避免尷尬場面」的謊言。

對許多社會新鮮人來說，雖然自己所具備的能力和實力還不成熟，但是爲了使對方留下比較好的印象，在他們所說的謊話當中，有很多是屬於「面子問題」的謊言。另一方面，在社會人士當中，爲了不破壞既有的人際關係，爲了「體貼對方」

而撒的謊受到比較多的認可。

另外，男性的謊話大多是「爲了避免尷尬的場面」或者是爲了「利害關係」而撒謊，也就是說，男性所說的謊話多半是爲了保護自己一時間的衝動，所以表面的謊言比較多。相對來說，女性多半用「防備底線」、「合理化」以及「體貼對方」這類型的謊言來保護自己，也保全了和對方的關係。

在社會人士中，男性既利用「面子問題」和「利害關係」等方式來使自己處於比對方更高的優勢地位，而且還透過「防備底線」的撒謊方式保持人際關係。

對於女性來說，除了使用「防備底線」和「合理化」的方式來保持和對方的友好關係之外，也會透過「爲了避免尷尬場面」方式來撒謊。不管是男性還是女性，社會人士撒謊的範圍都要比學生來得廣泛得多。

通過這樣的分析，心理學家得出這樣的結論：男性既可以一邊透過撒謊來和對方保持良好的人際關係，又可以透過撒謊使自己處於比對方優勢的地位。相對於男性，女性的撒謊通常都是爲了要和對方保持良好的人際關係。從中我們可以看出男性和女性之間說謊理由的差別。

對象不同，撒謊的程度也不同

男性對自己的孩子所撒的謊，竟然還沒有對自己的配偶撒的謊多。與此相對的，女性對自己的配偶反而沒有怎麼撒過謊。

心理學家指出一個現象，在大學生當中，不管是男性還是女性，撒謊的對象在大部分的情況下，都是自己的父母親，其次就是朋友，再接下來，就是比自己身分要高的人，比如老闆、警察、老師……等等。

對男性來說，和父母親的互動關係一般會進行得較爲順利，「合理化」和「避免尷尬場面」的謊言會比較多。另外，爲了獲得自己的利益而使用的「利害關係」謊言也佔大部分。

對於女性來說，爲了要避免父母親過度干涉自己的事情，爲了保護自己的隱私，她們說的謊話大多是「防備底線」和「合理化」。

另外一方面，和朋友之間的關係，男性和女性也存在著細微的差別。男性對於對方，經常會是透過「面子問題」和「製造藉口」的方式來撒謊。相對來說，女性雖然也會為了「面子問題」而撒謊，但是更多的情況是為了「防備底線」，或者「體貼對方」和「避免尷尬場面」而撒謊，從而保持和對方朋友關係。

從這些差異來看，男性是屬於很乾脆的類型，女性則完全相反，是屬於比較猶豫和拖泥帶水的類型。

大學生中，不管是男性還是女性，對於父母親（特別是母親）和地位比自己高的人所撒的謊，卻出奇相似。心理學家指出，這樣的結果可以認為是：「對於人際關係的處理方式，男女間還沒有明顯的分化。」

一個有趣的統計是，男性撒謊的對象，一般都是自己的配偶、朋友、父母親、上司；至於女性撒謊的對象最多的是自己的孩子，其次才是父母親和朋友，最後是自己的配偶和上司。

從上面的分析，我們可以發現一個很有意思的現象，就是男性對自己的孩子所撒的謊，竟然還沒有對自己的配偶撒的謊多。與此相對的，女性有很多人都對自己的孩子撒謊，對自己的配偶反而沒有怎麼撒過謊。這樣的現象說明，撒謊是可以反映出我們日常生活當中的人際關係的。

男性為了要保持和自己的配偶的關係，或者是為了要處理好和上司之間的利害關係，大部分情況下，都是因為要堅持自己的「防備底線」而撒謊。而且，和朋友的人際關係當中，為了要繼續保持和朋友的關係，經常是為了「面子問題」和「能力以及經歷」而撒謊。

而女性想要和所有的人都保持良好的人際關係，所以保持自己的「防備底線」和「避免尷尬場面」的謊言會比較多。但是，對待孩子又經常是為了「合理化」，或者是為了「體貼對方」，以及為了「製造藉口」而撒謊。

07

說一些謊話，使自己的行為合理化

尋找到一些看起來很正當的理由，用這些理由來使別人承認自己，接受自己的行為，這是就所謂的「合理化」。

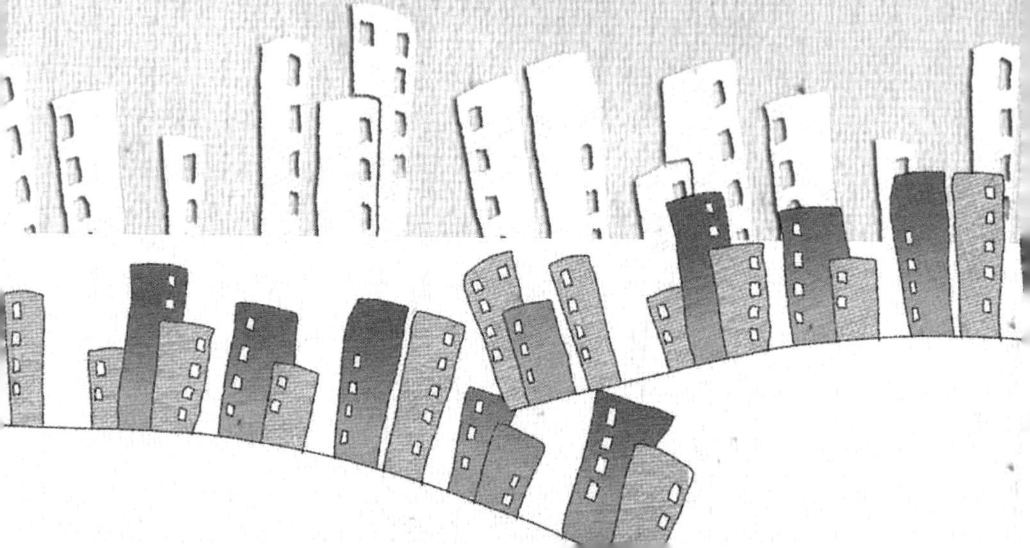

謊話通常透過語言來傳達

撒謊通常是透過語言來傳達的，一個人所說的話到底是不是謊言，都會經由包含在聲音當中的行為和動作來向外界傳達。

我們經常可以聽到這樣的抱怨的聲音：「我爸爸在外面可是一個老好人，但是一回到家裡就不好了。」

心理學家說，在外面是一個老好人的父親，回家就變成另一副模樣，正是巧妙區別了謊言和眞心話在「外面」和在「裡面」要如何使用。

在家裡可能是一個脾氣很壞的父親，但是到了外面，就不會向別人說出自己的眞心話，而讓大家都覺得他是一個好人。

在家裡，父親一般只會說：「我要洗澡了」、「我要吃飯了」、「我要睡覺了」

之類沒有感情的話。可以這麼說，這樣的父親，對家人是用自己眞實的內心來相處，至於外人，則是用謊言來對待的。

但是，很多人卻會對這樣的父親產生誤會。

撒謊通常是透過語言來傳達的。但是，一個人所說的話到底是不是謊言，都會經由那個人包含在聲音當中的行爲和動作來向外界傳達。撒謊和外在的言行舉止之間，存在著非常密切的關係。

有一個小學女老師說：「我上課的時候，孩子們有的眼睛看著外面，有的用手撐著腦袋，甚至有的趴在桌子上面。雖然我的聲音一遍又一遍地提高，提醒他們注意自己的姿勢，但還是沒有改變。」

這個老師聲音很細弱，音調很高，的確是很難聽見她的聲音。老師用這樣的聲音上課，孩子們漸漸會覺得很勞累，最後就會產生「隨便都可以」的心理。老師不好的影響，移轉到孩子們身上，透過孩子們不認眞的姿勢表現出來。

聲音是一種可以直接到達對方心靈的行爲。如果你沒有「想要和對方交流」的心理，那麼自己的聲音就沒有辦法傳達給對方。

剛才提到的年輕女教師只是爲了履行自己身爲教師的義務，所以表面上對待孩子們採取很熱心的態度，但事實上她的內心卻沒有眞正想要教育孩子。

爲了掩飾她的眞實內心，也就是爲了要對自己撒謊，她不斷對自己和別人說：「最近的孩子上課都很不認眞。」或者說：「如果我沒有大聲說話，他們就不會聽我上課。」

爲了保持自己的謊言，來達到保護自己的目的，這個老師只好一直用很大的聲音上課，一直到自己的喉嚨開始疼痛，發不出聲音來爲止。到最後，這樣的行爲反而使得自己周遭形成了一個用孤獨的個人空間。

從小動作看透對方說謊的能力

有的時候不能完全理解丈夫的心理，但如果不是惡意的謊言，那麼可能不知道反而會令兩個人更加幸福。

這項心理測驗能測出你是否具有看透謊言的能力。

把自己當作是妻子，下面羅列出來的是丈夫的言行舉止。請對這些言行舉止進行推測，判斷「這一定是他在撒謊」或者「這可能是他想對我隱瞞什麼事情」，選出你認爲是的選項。

1. 當妻子對丈夫說「你今天回來得好晚」的時候，丈夫很流利地就說出晚回來的理由。
2. 妻子一直喊「咖啡泡好了」，但是叫了好幾次了，丈夫卻一直沒有來餐廳。

3. 一邊看報紙，一邊還在晃腿，或者是把腳交疊起來，身體總是安定不下來。
4. 一邊說著無關緊要的話，一邊把手交叉起來，或者不斷地握自己的雙手。
5. 一邊說「可能可以吧」，一邊用手觸摸自己的嘴巴或是鼻子周圍的地方。
6. 當妻子問丈夫禮拜天要去哪裡，丈夫簡短的回說要和同事去打高爾夫球，表情很冷淡。
7. 丈夫說「嗯，是這樣的」或者說「是的，是的」，不斷做出肯定的回答，非常地聽話。
8. 總是不自覺迴避妻子的眼光。
9. 早上出門之前，對妻子說完「我要出門了」之後，臉上的笑容就消失了。

以上列舉的這些描述，都是人在撒謊的時候，或者是在心理出現動搖的時候所做出的行為。因此，選擇的項目越多的人，就越具有看透別人謊言的能力。男性如果注意一下自己這種時候的行為，也就能瞭解自己當時的心理活動。

從言行舉止正確解讀對方的心理的能力，叫做社會性的智慧指數。從自己得到的分數的高低，可以把人的社會性的智慧指數分成三個級別。

一、社會性的智慧指數達到優秀的妻子（選擇的項目達到七個以上）

能夠正確理解丈夫的言行、表情、話語，但是，正因爲太過於瞭解丈夫的心理了，心理上容易會產生疲勞感。

有的時候，不妨扮演一個「不是那麼聰明的妻子」，這樣反而能夠創造出圓滿的夫妻關係，也許是一個很值得嘗試的方法。

二、社會性的智慧指數為普通的妻子（選擇的項目達到四個到六個）

有的時候可以馬上就知道丈夫在撒謊，有的時候卻完全不能理解丈夫的心理，這樣的妻子對丈夫的言行舉止尙不能夠完全掌握。

但是，這種程度的洞察力就已經足夠了。因爲如果不是惡意的謊言，那麼可能不知道反而會令兩個人更加幸福。

三、社會性的智慧指數不足的妻子（選擇的項目在三個以下）

對丈夫的謊言幾乎都不知道，不僅僅是「沒有洞察謊言的能力」，甚至有可能「不瞭解丈夫的心理狀態」。這樣的情形在關係不是很好的夫婦之間經常可以看到，對丈夫的言行舉止要多加關心，雙方的交流互動也很重要。

說一些謊話，使自己的行為合理化

尋找到一些看起來很正當的理由，用這些理由來使別人承認自己，接受自己的行為，這是就所謂的「合理化」。

「精心策劃的謊言」是爲了保護自己而說出的善意的謊言，或惡意的謊言。至於通過撒謊來保護自己的技術，則是一種防衛機制。

有一個被大家視爲是騙子的政界人士，對自己的行爲辯解道：「我已經盡了我最大的努力了。」「我是採取我所能想到最好的解決方法來處理的。」但是，只要大家看一下他說話時候的表情，就會覺得他一定在撒謊。

像這樣的人，大都是有這樣的心理：「我並不認爲我是在撒謊」，並且還心安理得地認爲「我是爲了人民的利益，爲了社會的利益才做這樣的事情」，即使大家都對他的行為惡語相向，也不過是對牛彈琴，沒有任何的用處。

精神分析學的創始人弗洛伊德，把這樣的行為稱做是「防衛機制」，並提出了一個很難理解的概念：當我們處於一種強烈不安的處境的時候，心理上就會產生恐慌的感覺，於是就會通過所謂的「防衛機制」，企圖讓自己突破目前不利的局面，並且在這樣的局面當中保護自己。這是自我防衛手段的一種表現。

所謂的「防衛機制」，在別人眼中，可以說是一種「適當的撒謊」，但本人卻絕對不會認為自己是在撒謊，這就是「防衛機制」的一個特點。

也就是說，如果本人覺得自己這樣的行為是在撒謊，那就意味著他的這種行為不屬於「防衛機制」的範圍。

剛才的例子，就體現了「防衛機制」。當別人為他的行為感到憤怒的時候，這樣的人卻沒有意識到，還覺得很莫名其妙：「為什麼那麼緊張呀？」

當自己失敗，或者是缺點明顯暴露的時候，把這些失敗和缺點透過各式各樣的理由正當化以後，就能夠讓自己從挫折感、罪惡感、劣等感當中解脫出來。

也就是說，尋找到一些看起來很正當的理由，用這些理由來使別人承認自己，接受自己的行爲，這是就所謂的「合理化」。

「合理化」的另一個典型，就是「酸葡萄理論」。

《伊索寓言》裡面，有這樣一個故事：森林中，有一隻狐狸發現一座莊園裡面有一個葡萄架，架子上面結著看起來好像很好吃的葡萄。

狐狸不斷地跳起來，想要摘葡萄吃，但是跳了好幾次，總是搆不著，於是狐狸就想：「那些葡萄雖然看起來很好吃，但實際上一定是很酸的葡萄。」狐狸一邊這樣想著，一邊就走了。

狐狸其實很想吃到那些好吃的葡萄，但是因爲彈跳力不夠好，以致於最後沒有辦法採到葡萄。然而，狐狸卻不肯承認是因爲自己的彈跳力不好。如果狐狸這樣想，就會傷害到自己的自尊心，還有可能會對自己失去信心，於是就把自己吃不到葡萄的理由，歸結爲「因爲那裡的葡萄很酸，所以沒有必要採來吃」。這樣的原因，使自己的失敗合理化了。

假設有一個很漂亮的女性，不管男性怎麼追求都不肯答應。這種時候，被拒絕的男性就會想：「再怎麼漂亮的美女，看久了也會覺得厭煩」，或者：「美女只不過是外表好看而已」，透過這樣的想法來使自己的失敗合理化。

更進一步分析，「合理化」還有所謂的「甜檸檬理論」。就是把自己做的事情誇大了，過度評價自己做過的事情。

假設上面提到的那個被美女拒絕了的男性，後來和一個長相很平凡的女性結婚，這種時候，他可能會想：「和這個女性結婚，眞的是太好了。我的確很有看女性的眼光」或者：「雖然被拒絕了。但是，卻是一件好事情呀」。這種心理正是過度稱讚自己的判斷力和努力。

不論是吃不到葡萄就說葡萄酸，或是宣稱自己擁有的酸檸檬眞是好甜，企圖說些謊話使自己的一切舉動看起來有其道理，以此進行自我安慰，其實都是爲了要保護自己的自尊心。

逃避，使不想面對的事暫時遠離

現實生活當中，沒有辦法實現的慾望，會透過幻想來得到實現。透過幻想，能暫時躲避自己不想面對的現實環境。

「逃避」是在自己的慾望和願望不能達到預期的時候，採取放棄的態度，從對自己不利的局面當中逃脫出來的行爲。

這樣一來，可以使自己不安的情緒暫時得到緩解，從心理學的角度來說，這是一種「逃避尷尬場面的謊言」。

所謂的「逃避」行爲，包含以下的行爲。

其一是退避，想讓自己從當時的局面解脫出來。

比如說，必須要做一些自己不喜歡做的事情的時候，或者是在進行一些很難交涉的事情的時候，或者是要出席一個自己很不喜歡參加的會議的時候，就會製造一些藉口，謊稱突然發生了什麼急事，然後讓自己從當時的局面解脫出來。

有的人在和對方交談的時候，一旦到了場面氣氛變差的時候，就會藉口說要去洗手間而逃離現場。

離開現場，是最直接的逃避行爲。

其二則會通過幻想來逃避。

現實生活當中，沒有辦法實現的慾望，會透過幻想來得到實現。譬如說，在聽一個很無聊的演講的時候，或者是在做著很無聊的工作的時候，雖然表面上看起來好像是在學習或者是在工作，但實際上卻是在發呆，想著去哪裡玩，想著等會兒要吃什麼東西，想著自己的戀人或朋友，也就是通過幻想，掩飾自己「不想做這樣的事情」的眞實內心。

所謂的白日夢，是這個現象的典型例子。

比如說，有的男性邀請女性友人約會，卻被拒絕了。如果承認自己被拒絕的事實，自尊心就會受到傷害，有的人就會想像自己和美女在西餐廳吃飯，在夜晚的公園裡散步，在浪漫的燈光下接吻等等情景。

透過幻想，能暫時躲避自己不想面對的現實環境。

其三是逃避到其他環境去。

把現在必須要做的事情延後，優先做其他不相關事情，或者是沉迷於自己的興趣、愛好和娛樂當中，企圖掩蓋自己不安的心態。

例如，明天要考試，今天卻還沉迷於漫畫和小說當中，想要讓自己忘記考試的事情；上課的時候，沒有辦法理解老師上課的內容，偷偷在台下做其他事情，如看一些和課堂上沒有關係的書，或者是寫信等等。有些失戀的男性，則不顧一切拚命地工作，或者是一心一意投入到學業中。

將注意力放在其他事情上，能使自己暫時忘卻不如意不順利的事。

其四會透過使自己生病來逃避現實。

這是指真的出現頭痛，或者是肚子痛的病情，而沒有辦法上班或上學。有的人甚至嚴重到耳朵聽不見，眼睛看不見，說不出話來的程度。

這個現象，是當事人想讓大家都看到他生病了，覺得「既然都生病了，那就沒有辦法了」，覺得通過生病逃避，是一個很方便的方法。

有的女性，有時候必須要去和自己不喜歡的男性約會，往往就在要出門的時候，肚子突然痛了起來；有的職員，一旦在自己很討厭的會議時間臨近的時候，頭就會突然開始痛起來。情況嚴重的，還有職員碰到自己很討厭的上司，脖子就會轉不到上司的那個方向。

這些都是因爲想要逃避現實的心理，而產生的生理病症。

你看到的表象不一定是真相

有的人擔心如果把自己內心真正的要求如實地表現出來，別人對自己的評價可能會有所降低，因此表現出「反面行為」。

把自己心中覺得很不好的事情，轉嫁到別人身上，就是所謂的「投射」。比如，有的部下很憎恨上司，但是不會直接說「我很討厭我的上司」，而是會對外宣稱「我被上司疏遠了」，藉由這樣的行爲來歪曲事實。

有的女性會說：「最近他對我變得很冷淡，一定是想要和我分手」，實際上，卻是她自己對交往很久的男性漸漸覺得不喜歡了，周圍的人很可能會因此而說她是「很冷血的女性」，她擔心會有這樣的評價，於是便找出這樣的藉口，把自己眞實的心態，轉嫁到男性身上。

也就是說，透過「我本人並不是這樣想的，但對方卻是這麼想的」的形式，隱藏自己眞實的內心，而說出謊言。如果撒謊者是意識很強的人，往往就具有「投射」的自我防衛機制。

至於自己將對某一個人的感情或者是態度，轉換到另一個沒有危害的人身上，以此解除自己的不安情緒，是所謂的「調換」。

比如，對自己的父親懷有很強烈感情的女性，可能就會對和父親差不多年紀的上司產生愛情；有戀母情結的男性，可能會把自己對母親的感情，轉換到跟自己的母親很相似的女性身上。除此之外，有的人可能會把自己對父親的憎恨，轉換到上司或者是老師身上。

曾經聽說過這樣的一件事情，有一個男性第一次到女朋友家裡去吃飯，回家的路上，女朋友對他說：「我媽媽做的料理不好吃吧？沒關係，以後，我會做很好吃的料理給你吃的。」

男朋友一聽到女朋友說出這樣的話，就下定決心要和她分手了。

因爲這個男性有戀母情結，他在自己的女朋友面前雖然曾經說「我不喜歡我的母親」，但實際上這只是謊話而已，他是很喜歡自己的母親的。

和他的母親很相似的女朋友，一邊在心理上盡力想要和男朋友的母親保持一定的距離，同時也想迎合男朋友的心理，因而說出「我也不喜歡我的母親」這樣的話，並且對母親做的料理批評了一番。最後，這個女朋友因爲沒有眞正理解男朋友的謊言，而被拋棄了。

有的人對自己內心眞正的要求，會有一定程度上的意識，但是卻擔心如果把這種要求如實表現出來，別人對自己的評價可能會降低，這個時候會表現出和內心眞實的想法完全相反的態度或行爲，這樣的言行舉止就是所謂的「反面行爲」。

有的部下對上司阿諛奉承，上司說東他不會說西，這樣的部下經常會獲得上司的信任，成爲上司的心腹。

但是，有的時候，部下這樣的行爲，反而是對上司的厭惡感而表現出來的反面行爲。這是因爲，如果把自己的眞心話表現出來，在社會上是根本不能生存下去的，而且還會影響到自己的發展。

由於有這樣的擔心，所以就採取反面的行爲。

如果上司沒有眞正理解部下的內心，沒有看透他的謊言，只是一味信賴這樣的部下，那麼就很有可能會在一些重要的場合被這樣的部下背叛，遭受到慘痛的打擊。有些人一旦喝醉酒，就會開始說上司的壞話，這樣的人有很大部分是對上司具有「反面行爲」的部下。

有的女性對外界宣稱：「我對男人完全沒有興趣」，或者有的男性說：「那些看裸體照片的傢伙都是變態」，然而他們卻是在背地裡，津津有味地做這些事情，在大家面前說出完全是相反的謊言，就是爲了要隱藏自己的眞實內心。

強調有利理由，替自己找藉口

事先說了一些小小的謊言，在自己身邊拉起了失敗的預防線，一旦失敗的時候，就會不傷害到自己的自尊心。

「我剛才去和董事長見面，所以遲到了。」召開部門會議的時候，有人會對遲到做出類似的解釋，然後才若無其事地坐到座位上。

諸如此類的話，到底是藉口還是撒謊，當場並沒有辦法做出明確的判斷來辨別眞僞，但是，這種話既能爲自己的遲到找到藉口，並且還能產生「光環效應」，是一種深思熟慮的計謀。

「光環」本來是指神像背後的光圈或者光環，正是因爲有了這樣一個光環，所以神像的神力被放大，讓人看起來覺得很了不起。所謂的「光環效應」就是說，如果一個人有某一個地方很顯著、很好，或者是有什麼地方很壞，那麼人們就會覺得他所有的地方都很優秀，或者所有的地方都很壞。

比如說，身體的魅力、職位、經歷、學歷、人際關係等等，都可以成爲一個人的光環。在上面提到的那種場合下，「去見董事長」這樣的人際關係就成爲一種光環。聽了這樣的解釋，與會者們都覺得遲到也是「迫不得已的」，甚至還有一部分的人覺得「這個人是一個大人物」，漸漸對他懷有敬意。

突發性的藉口當中，經常都包含著謊言，因爲撒謊者爲了要讓自己產生光環效應，而且還爲了要讓自尊心得到滿足，潛意識裡就會不自覺地選擇一些對自己有利的言語來做爲藉口。

玩遊戲或者是體育競技的時候，有一種規則叫做「給勝者加碼」，就是根據雙方的實力，事先對可能獲勝的人扣分，或者是針對他設置比較難的遊戲規則。這個規則，是爲了使某項競賽很拿手的人和很不拿手的人可以在同等條件下進行比賽，原意是爲了體諒弱者，但有很多人會把這個規則加到自己的身上。

例如，和朋友打高爾夫球之前，有的人會一直不斷地重複同樣的藉口，比如「昨天晚上我喝太多酒了，今天身體狀況不太好」或者「我很久沒有打高爾夫球了，今天可能會打得很不好」之類的藉口。實際上，說這種話的人，可能就在前幾天才練習過，但是，還是說出這樣的謊言。

這種現象就是所謂的「自己給對方加碼」的策略。一旦失敗，不會把失敗的原因歸結到技術層面的問題，而是認爲因爲身體狀況不好，或者是經驗不足等原因，才導致落敗。在自己身邊事先拉起了失敗的預防線，把自己的失敗統統歸結爲外在原因，替自己事先找好了失敗時的藉口。

換句話說，這樣的人事先就說了一些小小的謊言，一旦失敗或者是輸給別人的時候，就會不傷害到自己的自尊心。

說謊，有時是為失敗預做準備

經常採取「為自己的失敗事先拉起防備線」策略的人，可能會被認為是「這個人又在找藉口了」而導致在別人心目中的評價反而降低。

在普林頓大學，有一次教練觀察了一下游泳隊的隊員們的訓練強度，卻意外發現，在不怎麼重要的比賽之前，每一個學生都照平時的訓練，並沒有改變自己的訓練強度。但是，一旦到了重要比賽前，就會出現許多人增加自己訓練的強度，只有一些人沒有加強自己的訓練強度。

研究結果顯示，比賽之前沒有打算增加自己訓練強度的運動員，一般都是那些經常在比賽之前，給自己的失敗事先拉起防備線的人，對自己的成績沒有什麼自信。這樣的運動員，總是在事先就爲自己的失敗製造「練習不足」的藉口。那些越是對自己評價偏低的人，為自己的失敗事先拉起防備線的可能性就越高。

但是，「為自己的失敗事先拉起防備線」的策略，在測試知識能力的時候，有時候還是很有效果的，心理學家就曾經舉行了這樣的心理測試。

實驗的前半部分，請參加者回答問題。但是半數以上參加者的題目，是根本就不可能回答出來的，因為這些題目都沒有答案。

後半部分的實驗，給參加者兩種藥物，告訴他們其中有一種藥物「具有促進知識的功能」，而另外一種藥物「具有抑制知識的功能」，然後叫參加者選擇其中一種藥物喝下去以後，再進行和前半部同樣的問題測試。

結果是，為那些不可能有答案的問題而苦惱的參加者，有百分之六十的人，都選擇「具有抑制知識的功能」的藥物。但是，挑戰那些還是有可能回答出來的題目的人當中，僅僅有約百分之十八的人選擇了「具有抑制知識的功能」的藥物。

那些預先覺得自己無法解決問題的人，喝下了「具有抑制知識的功能」的藥物，為自己的失敗事先拉起了防備的線。而事實上，他們心裡也想選擇「具有能夠促進知識的功能」的藥物，也就是喝了能夠讓人的腦袋變得聰明的藥物，「喝了以後就能夠拿到好的成績」的想法雖然還是存在的，但是爲了替自己可能會重複之前的失敗做準備，最後還是選擇了「具有抑制知識的功能」的藥物。

也就是說，選擇了「具有抑制知識的功能」的藥物，就可以不傷害到自己的自尊心了。這就是所謂的「爲自己的失敗事先拉起防備線」的策略。但是，明明知道自己可以勝任，卻還是說：「我是一個不太會說話的人」或者「可能因爲以前沒有做過，會有一點生疏」「我不太習慣這樣的工作」「我太忙了，都沒有時間來準備」等等……藉口，結果會是怎麼樣呢？

有的人認爲透過「爲自己的失敗事先拉起防備線」的策略，使自己的心態變得輕鬆一些，才能夠發揮出平常的實力來。但是，經常採取「爲自己的失敗事先拉起防備線」策略的人，可能會被大家認爲是「這個人又在找藉口了」或者「這個人好像沒有什麼自信心」而導致自己在別人心目中的評價反而降低了。

08

越想遮掩，越會用謊言敷衍

人對於自己特別感興趣的人事物，都會特別的注意，留在腦海中的記憶也就特別深刻，說「不記得」的人通常是在撒謊。

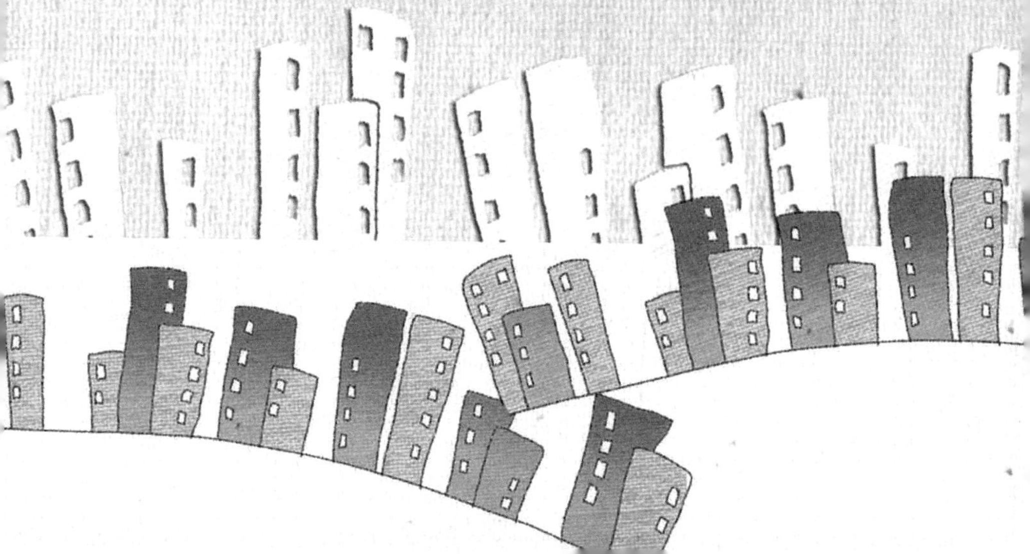

有人陪伴，才能帶來安全感

「我想要一直和你在一起」不一定就是「我很喜歡你」，其實是「只要有人在我的身邊就可以了」的意思。

如果一個人處於很強烈不安的感覺中，或者對什麼事情感到擔心，就會有這樣的想法：想要和自己最親密的人在一起。這樣的心理就是所謂的「親和慾望」。

美國著名的社會心理學家傑克特認爲：「當一個人處於極度不安的時候，就會希望能和親密的人在一起。」

下面的這個心理實驗就是說明上面的心理問題。

傑魯斯太伊博士請女大學生做一個心理測驗，進行以下的說明：「我們接下來要進行的實驗，是測試通過電流的衝擊對於一個人的心理影響。在這個測試過程中，電流的衝擊可能會讓妳覺得很難受，但是絕對不會讓妳的皮膚受到傷害，更不會對妳的心臟造成影響，請放心。」

進行這些說明以後，傑魯斯太伊博士又對女大學生說：「進行這個實驗之前，爲了做好實驗的準備，請妳在等候室稍微等一會兒。如果妳願意，妳有兩個選擇，一是一個人在等候室裡面等待，或是和其他人一起等待。妳選擇哪一個呢？」

傑魯斯太伊博士這樣問道，實際上，這才是眞正的實驗。

聽了傑魯斯太伊博士這麼一說，大約會有百分之六十的女大學生選擇一個與自己的境遇相同的人，一起待在等候室裡面。因爲大學生們內心覺得「接下來的實驗不知道會怎麼樣」，存著這個緊張的心理，因此產生出很強烈的「親和慾望」。

醫院的等候室裡面，也常見到同樣的情形。一般人看到一個和自己生同樣病的病人的時候，就會覺得心情好像比較不會緊張了；住院的時候，如果和一些跟自己有著同樣病情的病人住在同一個病房，也會覺得心情比較放鬆。

不管是哪一種情形，由於生病所引起的不安感覺，會透過與其他患者之間產生親和感的過程得到了紓解。或者可以這麼說，就是所謂的「同病相憐」吧。

獨生子和長子也都需要強烈的親和感來作爲精神的支柱。作爲家裡的獨生子或者是長子，從小時候開始，如果有不安的心理，總是透過父母親得到滿足和緩解。這樣的人長大之後，若是有什麼不安的事情，或者是對什麼事情覺得擔心的時候，就會馬上想到要依賴其他人。

不安的感覺越是強烈，對彼此之間存在的親和感覺就會越強烈。從這個角度來考慮，「我想要一直待在你身邊」或者是「我想要一直和你在一起」這類話對他們來說不一定就是「我很喜歡你」的意思，只不過是因爲心裡覺得很不安，所以在自己的眞實內心中會有「不管是誰都可以，只要有人在我的身邊就可以」的想法。

夫婦當中，有很多人是爲了要滿足自己的親和慾望才在一起的。因此，如果有其中一方眞的遇見了自己所喜歡的人，那麼可能馬上就會與另一半分手，和自己眞正喜歡的人在一起。

這樣的情形不管是在男性還是女性身上都是一樣的。男女雙方同居的關係，也有可能只是一種虛假的愛情關係，只是爲了得到安全感才和對方在一起。特別是對於那些獨生子或者是長子，和這一類的人交往要格外的注意。

寧可說一些謊言，袒護自己的判斷

即使有的上司對自己的領導才能覺得存在著什麼問題，也絕對不會承認的，因而會說謊維護自己的自尊心。

如果新設計的企劃書得到賞識，有的主管就會向外宣稱：「都是因爲我的緣故」，一旦失敗，又全部是部下的責任。這樣的上司爲數不少，說明了總結成功或者是失敗的原因時，大多數的人都會不自覺產生「自我袒護」的心理。

例如，請一個家教來輔導孩子的數學，經過他的輔導，孩子的數學成績不斷上升，這個老師就會說：「我的教學方法比較好，所以孩子的數學成績會不斷的提高。」此時，他對自己的評價很高。

但是，如果家教老師不管怎麼教，孩子的成績還是沒有提高，那麼他可能就會說：「這個孩子的智力可能有問題。」此時，對孩子的評價顯得很低。

也就是說，如果孩子的成績提高了，就是自己的功勞，成績若是沒有提高，就是孩子的問題，這就是偏袒自己的做法。

如果有一個部門主管受到上級的表揚：「我最近發現你領導的部門成績很不錯。」這個主管可能就會說：「我總是用盡心力地想要領導好部下。」在表現自己謙遜的同時，也向上級展現一下自己的領導才能。

如果有一個科長被上級責罵：「你這個部門竟然拿出這樣的成績，實在是太不像話了。」這個科長可能就會說：「我天天都在教育部下，但是他們好像沒有把我的話聽進去，實在是很讓我爲難。」在這種狀況下，人就會爲自己尋找藉口。

有的上司即使對自己的領導才能，隱隱約約覺得存在著什麼問題，也是絕對不會承認的，因爲這樣會傷害到自己的自尊心。這時，就會對自己撒謊說：「我的指導方法是沒有存在什麼問題的」，或者「並不是因爲我的領導才能不高的原因，而是因爲最近的年輕人眞是不行」，藉此掩飾自己的眞實內心與實際狀況，發表一些袒護自己的謊言。

袒護自己的言行舉止，是在毫無意識的情況下說出的謊言。通過袒護自己的言行，可以減輕自己的壓力，不讓自己失去自信心。但若是自我袒護的言行舉止太過分，會給別人留下「這個人很不負責任」或者「這個人只會爭功諉過」的印象，從而對他敬而遠之，所以這樣的人必須要有自省的心態。

有的公司職員才剛進公司，就被貼上「沒有用」的標籤。他們為了改變自己的形象，可謂是費盡了心思。但是，想要改變自己的評價是一件很難的事情。

有一個心理實驗，挑選A和B兩個小孩子，讓他們分別做一些數學的題目，然後讓一個第三者對他們的將來進行評價。

孩子A所做的題目，前半部分有答案，而後半部的題目根本就做不出答案。孩子B的題目，前半部分有很多題目都是做不出答案的，而到了後半部分才漸漸設置一些可以有答案的題目。也就是說，兩個人最後的成績應該是一樣的。

一直在旁邊看著他們做題目的第三者，在前面一半的題目完成的時候，就做出評價：「孩子A比較優秀，他將來一定會很有成就。」

接著，A孩子做到了後半部分的題目，漸漸做得不好了，第三者就會說：「可能是他做到後面的時候，變得不專心了。」或者找藉口說：「他做後面的題目時，運氣變得不好了。」

一旦被貼上了「能力很高」或者是「能力很低」的標籤，即使後面的言行舉止和所獲得的評價不一致，但是，別人對於這個人的評價很難再改變了。

如果承認「我最初的判斷是錯誤的」，就等於說自己的判斷能力存在著問題。於是，許多參加心理實驗的人就把一個人後來表現不好的原因說成是「當事人的不努力」或者「當事人的運氣不好」，藉由一些藉口，來保護自己的自尊心，證實「自己的判斷是沒有錯誤的」。

一個很受到主管看重、袒護的部下若是沒有把事情辦好，主管就會說：「如果他認眞做的話，應該是可以做好的」或者「這次他的運氣不太好」之類的話，來爲部下開脫，成爲部下的保護傘。

其實，這些都只是爲了自己的自尊心而說出的謊言罷了。

越想遮掩，越會用謊言敷衍

人對於自己特別感興趣的人事物，都會特別的注意，留在腦海中的記憶也就特別深刻，說「不記得」的人通常是在撒謊。

「我不記得有這麼一回事。」這句話是說謊者最常見的語言公式。

如果有人總是說「我不記得有這麼一回事情」之類的話，那可能會產生很大的反彈，被其他人說：「你不要再騙人了，我可不是傻瓜。」

儘管大家都知道這是騙人的話語，但爲什麼許多捲入醜聞的社會名流常常在發言的時候說：「我不記得有這麼一回事」？

他們爲什麼將這句話使用得這麼頻繁呢？

有一個心理實驗是這樣的，心理學家讓一個人在一間屋子裡面，認真地記住五個人的面孔，然後在另外一間不一樣的屋子裡面，再讓這個人認真記住另外五個人的面孔。接著，心理學家問這個人和什麼人見過面，一般都有百分之九十六的正確率，而且也能夠把每個人的面孔回憶起來。

但是，很有趣的是，如果問這個人，分別在哪個屋子裡見了哪個人，那麼回答的正確率，就落到只有百分之五十。

「我雖然見過這個人的面孔，但是，到底是在哪裡見到的，記得不太清楚了。」一般人都是這樣回答的。

從這個實驗中，我們可以發現，人對於別人的面孔是比較容易記住的，而對於其他的情報，例如場所，就很難保留在記憶當中。如果雙方交換了名片了，或者將時間、地點、事件等等，都一一記錄在筆記本上，那麼可能還會回想起當時的情景。

因此，有的人被傳喚做證人的時候會說：「我記得和這個人見過面，但是在哪裡見的面，說了些什麼話，卻記不太清楚了。」

心理學家指出，做這種陳述的證人並非都是在撒謊。

「我今天看到你和一個年輕的女孩走在一起喔。」如果你突然被妻子這麼一問，即使你和那個年輕女孩是在旅館前見的面，也沒有必要慌張。因爲這個時候，妻子關心的是那個女性，在哪裡見到你們兩個走在一起的，不一定會記得住。

「喔，妳是在辦公大樓前面見到的吧？是我公司的女同事，很漂亮吧？」像這樣冷靜回答，是不會有問題的，這個謊言很通用。

有的丈夫聽了妻子的話，會覺得很不安，可能就會說：「妳是不是認錯人了？」或者說：「我不記得有這麼一回事呀。」

如此一來，反而會讓妻子在強調「我絕對沒有認錯人」的同時，漸漸回想起見到你們兩個在一起的場景，甚至一些細節都會漸漸回想起來。這個時候，想要隱瞞的謊言，反而有可能會被拆穿。

有一個心理實驗是讓人目擊小偷偷東西的場面，然後請這個目擊者看六個人的照片，要他從中挑選出偷東西的那個人。

認為「那個小偷偷的是很值錢的東西」的目擊者中，有百分之五十六的人，可以把眞正的小偷指認出來。

但是，如果目擊者認為「那個小偷偷的並不是什麼值錢的東西」，那麼就只有百分之十九的人能夠正確指認出小偷。

抱著「我偶然目擊到的場面，關係到很重要的事情」想法的人，就會特別注意當時的場面，認眞地觀察，就會很清楚的記住犯人的樣貌特徵。反過來說，如果看到的場面並沒有什麼重要性，那麼在觀察的時候就不會太認眞，基本上就不會把事件的過程保存在記憶當中。

警察在詢問現場目擊者的時候，有的人可能會回答說：「我記不太清楚了。」這樣回答的人不一定是在撒謊，可能是因為他對事件本身沒有什麼興趣，所以沒有深刻地保留在記憶當中。

早上十點左右，若是有個小偷趁著沒有人在家的時候上門行竊，而且還穿著西裝，拿個公事包，堂堂正正的從大門進去，附近的人會以為是「有客人來拜訪」而沒有多加注意此人，容易因此而讓小偷得逞了。

人對於自己特別感興趣的人事物，都會特別的注意，留在腦海中的記憶也就特別深刻。從這樣的分析角度來考慮問題，那些收受了高額回扣，或者是對機密事件交談過的人，對自己做過的事情的記憶就會特別深刻。

因此，對於那些連說「我不記得有這麼一回事」的大人物，一般民衆都會認爲他們是在撒著天大的謊言。

如果有一個女性老實回答一個男性：「那個晚會上，我們是在一起的嗎？我好像不太記得了。」這就表明了這個女性根本就沒有把這個男性放在心上。

不過，如果說出這樣的話，一定會被對方討厭，所以，像這種時候，有的女性就算是撒謊也要和對方客套一下：「啊，我想起來了，那天眞的很開心。」這樣的謊言最少也可以敷衍一下對方。

記憶，可以透過加工換取

對一個人有計劃地提出一些強調過去記憶的問題，那麼被提問的人腦袋裡面所保留的記憶會不斷被加工成各種各樣的想法。

有一個男性在打高爾夫球的時候，把球打中一個觀眾的頭，而現場目擊者當中有一個人頭上戴著咖啡色的帽子。

心理學家讓幾組測試者目擊這一切事情發生的經過。

過了一個小時以後，心理學家對向其中一個小組的成員問道：「你們是不是看到一個戴著咖啡色帽子的男人，在高爾夫球打中一個觀眾以後就逃走了？」過了三天以後，又從當中在場的人選出五、六個男性讓他們指出打中觀眾的人是誰。

能夠指出眞正犯人的測試者，佔了總數的百分之五十八，而把那個戴著咖啡色帽子的男人當作犯人的測試者，佔了總數百分之二十四。

另外，心理學家在另外一個測試小組上，沒有提出「那個戴著咖啡色帽子的男人，在高爾夫球打中一個觀衆以後就逃走」的問題，這個小組中，能夠正確指出眞正的犯人的人數佔了總人數的百分之八十，而把戴著帽子的男人當作是犯人的人數，僅僅佔了總人數的百分之六而已。

因爲，在第一個小組當中，測試者受到了「戴著帽子的男人」這樣的誘導性質的提問，所以就有很多測試者留下了「那個戴帽子的男人就是犯人」的印象。對於他們來說，他們目擊到的場景本來就是處於比較模糊的狀態，也因此他們的記憶比較容易被具有誘導性質的提問所左右。特別是當他們對印象當中的人抱有偏見和厭惡感的時候，這樣無意識的記憶轉移更是容易發生。

下面這個例子也可以作爲一個參考。有一個女孩子，看到男朋友跟一個自己不認識的女性走在一起。這女孩就對自己的好朋友說了這件事，好朋友對她說：「那可能是他的同事吧？」

心理學家說，即使這個女孩見到的女性不是她男朋友的同事，她也會在聽了好朋友的話以後，產生自己在男朋友的公司見過那個女性好幾次了的印象，對男朋友的疑心也就消除了。

另外有一個心理實驗是，心理學家讓被測試者看一張交通事故現場拍攝下來的照片，然後就著這個事故，對測試者提出一些問題。譬如說：「從你看到的這張照片中，你覺得兩輛車相撞的時候，車速有多少呢？」

對測試者提出這樣的問題的時候，竟然得到了意料之外的結果。

聽到「車相撞的時候」這樣的言語時，一般人都會認爲是「兩輛車碰撞在一起的時候」，大多數的人都會斷定「違反交通規則的車輛速度會比較快」。

接著，在一個相關的研究上，讓測試者看過交通事故的照片以後，大概過一個禮拜，對測試者提問道：「你在照片上有沒有看到破碎的玻璃？」

被問到「違規汽車時速多少」的小組，在心理學家問是否看到破碎玻璃的問題後，其中有百分之三十二的測試著回答「有看到破碎的玻璃」。

另外一個接受測試的小組的問題是：「被撞的汽車車速有多少？」這個小組被問到是否有看到破碎玻璃的問題時，回答說「有看到破碎的玻璃」的人數僅僅佔總人數的百分之十四。

實際上，照片當中的交通事故，汽車的玻璃並沒有破碎。但是心理學家對測試者們描述的時候，用「相撞」這樣比較嚴重的辭彙，測試者們可能就會產生錯誤的印象，產生「汽車的玻璃有破碎」等等歪曲事實的想法。

對一個人有計劃地提出一些強調過去記憶的問題，那麼被提問的人就會對記憶產生附加印象，腦袋裡面所保留的記憶會不斷被加工成各式各樣的想法。這樣的行爲並不是在撒謊，而是通過巧妙的誘導性質的提問，使記憶中的內容發生變化。

「我的印象中，覺得是……」即使說出來的話和事實不符合，也不是當事人的責任，而是那個提出誘導性質問題的人的責任。特別是當自己尊敬的和依賴的人對自己提出具有誘導性質的問題的時候，記憶所受到的影響會更大。

興奮的感覺，容易產生誤解

對交往進入到厭倦期的男女來說，兩個人稍微做一些劇烈的運動，然後再一起享受性行為，可能會喚起與平時不同的興奮感。

每個人對於自己的感情總是說不清楚的。

例如，當有人問你「你喜歡我嗎」的時候，你可能會反問自己：「喜歡嗎？我到底是喜歡還是不喜歡呢？」如果馬上就回答：「當然是很喜歡你了」，可能會讓對方覺得是在撒謊。

一個男孩抱著自己的女朋友的時候，可能會從嘴巴裡面說出：「我喜歡妳」或者「我愛妳」或者「妳好漂亮」之類的話。但是，當兩個人悠閒地喝著咖啡的時候，要說出這樣的話，好像太難了一點。

如果女孩這樣責問男朋友：「你那個時候說你愛我，是眞話嗎？」

在那個時候，男朋友說的可能是眞心話。

有一個心理測驗是讓一個男性看一些女性的裸體照片，然後詢問說：「你覺得哪一個女人比較有魅力呢？」

可能當中並沒有特別有魅力的，但是其中一兩照片往往會特別有人氣。

讓男性們看那些女性裸體照片的時候，心理學家會對測試者說：「當你在看照片的時候，我們會同時讓你聽到自己的心跳聲。」其實，答錄機裡放出來的心跳聲，是事先錄好才讓測試者們聽的。當測試者最後選出來的所謂的「最有魅力的女性」的裸體照片時，心理學家故意把心跳聲的頻率加快。

也就是說，看到特定女性照片的男性測試者，會認爲自己看到這張照片的時候，心跳是很快的，於是對自己進行心理暗示：「這張照片很有魅力、很性感。」

這個實驗說明，只要說「你的心跳異常快」，就能夠控制男性的心理感情。

所以，當男女朋友緊緊擁抱的時候，女朋友對男朋友說：「你現在的心跳好快喔。」那麼，男朋友可能就會認為：「那是因為自己的女朋友很有魅力，所以心臟才會不由自主地跳得這樣快。」

男性一般都會覺得：「因為看到很不一樣的東西，所以覺得心情激動，心跳加速」。就是因為貼上了這樣的標籤，才會產生誤解。

有一個測試，讓測試者在固定腳踏車上做一分鐘的運動。運動完五分鐘以後，讓測試者看一些性感照片，發現他們對性的興奮達到了高峰。

之所以讓測試者在五分鐘後做測驗，是因為運動完後的五分鐘，心跳的次數仍然是在上升的狀態，運動後的影響還保留在身體裡面，但測試者卻往往會認為「由於運動而產生的亢奮感已經結束了」。

做完激烈運動之後，可以斷定「這樣的興奮感覺是因為運動」。但是，運動完五分鐘後，一般人都認為「由於運動而產生的興奮已經結束了」，因此就很容易對自己產生的興奮解釋為：「由於看了性感照片而產生的」，從而對興奮感覺存在誤解。但是，過了十分鐘以後，由於運動而產生的興奮已經不存在了，因此，這樣的效果也就消失了。

進行激烈的運動過了五分鐘以後，男性們看一些性感的照片，就會覺得異常的興奮，但是實際上，他們是被運動產生的興奮矇騙了。要是人們吃了一驚之後，再讓吃驚的人看一些裸體的照片，也具有同樣的效果的。

所以，對交往進入到厭倦期的男女來說，兩個人稍微做一些劇烈的運動，或者是跳一些舞，然後再一起享受性行爲會比較好。因爲，這樣一來，可能會喚起與平時不同的興奮感。

在房間裡面進行一些比較激烈的性行爲，和運動以後再進行性行爲具有同樣的效果，都會增加彼此的魅力。但是，在結束以後，兩個人如果沒有相互擁抱在一起，效果就不會如預期的那樣好了。

恐懼感會激起異樣的情感

如果男女之間一直沒有產生很熱烈的情愫，那麼嘗試著在搖搖晃晃的吊橋上面行走一下，一定會有不一樣的感覺產生。

美國本克巴這個地方有兩座橋，心理學家借助這兩座橋進行心理實驗。其中一個實驗的地點在距離山谷底部幾十公尺，而且還是架在小溪上面的一座吊橋上，風一吹吊橋就會搖搖晃晃的。另外一個實驗的地點是在一座架在一條很淺的小河流上面鋼筋水泥橋上。

實驗的方式是讓測試者從橋上走過。兩座橋上，都由男性測試者首先過橋，然後一個女性研究人員會從橋的另外一個方向走過來；兩個人在橋的中間相遇，由女性研究人員對男性測試者提出一些問題。

從這樣的實驗中發現，在搖搖晃晃的吊橋上面的男性測試者所做出的回答，和在堅固的鋼筋水泥橋上面的男性測試者所做出的回答，有著很大的不同。

一、讓男性測試者看一個畫面，讓他們從這個畫面中進行想像。結果是，從搖晃吊橋上的男性測試者的回答中可以發現很多關於性愛的表示。

二、這個測試過了幾天以後，以方便研究員進行調查爲由，要求參加測試的人留下電話號碼，在搖晃吊橋上進行測試的人有很多人都打了電話告知。

從這樣的結果可以看出，在搖晃吊橋上做出回答的男性測試者覺得和自己合作的女性研究人員很有魅力，而且對女性研究人員抱有強烈的關心。

爲什麼會出現這樣的結果呢？

通過搖搖晃晃吊橋的男性測試者，在通過吊橋的時候，會覺得嘴巴乾燥，心跳非常快，這些生理變化是因爲測試者在通過搖搖晃晃的吊橋時所產生的。

但是，這些男性測試者並不這麼認爲，他們以爲是因爲在自己面前的是一個美女，所以才會有這樣的反應。這時，由於恐懼感而產生出來的生理變化，被性興奮所取代了。

在和異性說話的時候，這些測試者會覺得聲音變得不自然，而且還會有流汗的現象出現。這時候，他們會覺得眼前的女性「眞是一個漂亮的人」，或者認爲「這個女人眞性感」，並且會對兩個人之間的談話感到非常著迷。

正是因爲有這樣的感覺，所以在和女性接觸的時候，即使當時有恐懼感，即使當時口乾舌燥、心跳很快，他們也一定會誤認爲「因爲眼前的這個女性很有魅力，所以我才會有這樣的感覺」。

這樣的感覺只是暫時性的，可以稱做是「虛假的愛情」。

曾經有過一則眞實故事，在外國旅行的途中，有一艘船遭遇了事故而沉沒了，旅客當中，經過了九死一生才得以獲救的兩個男女，最後結爲夫婦。

心理學家解釋說，在事故當中，兩個人之間產生了愛情，由於恐懼感而讓愛情萌芽，後來在海上漂流的日子，兩個人之間培養起互相鼓勵的愛情。這兩個人如果是在很普通的觀光勝地相遇，可能就不會萌生出愛情了。

如果男女之間一直沒有產生很熱烈的情愫，那麼嘗試著在搖搖晃晃的吊橋上面行走，或者去乘坐一下高速滑行的雲霄飛車，彼此一定會有不一樣的感覺產生。

公開宣示，可以鼓舞自己的氣勢

有的人會向自己親密的人宣佈設定的目標，藉以提醒或激勵自己，這樣的行為叫做「公眾介入」。

建造本田汽車的本田宗一郎，剛剛創業的時候，員工還不到五十個人，而且有的時候還不能夠及時、足額的發放工資。但在這樣艱難的時期，本田宗一郎經常站在一個木頭箱子上面，對員工們激勵道：「大家不要只是想著我們的公司要成爲日本第一，我們要成爲世界第一的品牌。」

在全部員工面前誇下海口的本田宗一郎，把自己逼到了一個沒有退路的境地，只能抱著堅定的決心，無論如何都要奮鬥到底。在這樣的氣魄和壓力之下，本田宗一郎把自己和員工的氣勢都鼓舞起來了。於是，經由大家一起努力，本田終於成爲了世界知名的汽車品牌了。

雖然一般人沒有辦法做到如此冒險的程度的，但是，還是有很多人會在新年的時候認爲「一年之計在於春」，因而制定了一些看起來好像是實現不了的偉大計劃。然而，「三天打魚，兩天曬網」的結果，很多人都半路就放棄了，這就是一般人和成功的人的區別。

也有人會在每一年重大的轉折時期，比如說每年或每月的第一天，把今年和這個月份的目標，用很大的字寫在紙上貼在牆壁上面，或者是記錄到記事本和日記上面，甚至有的人會向自己親密的人宣佈設定的目標，藉以提醒或激勵自己，這樣的行爲叫做「公衆介入」。

這種行爲不僅僅滿足於「自己的目標自己心裡明白就成了」，而是要向別人公開宣誓，逼自己積極達成目標。例如，日本三澤建築的三澤千代治就曾以獨特的方式宣示自己的決心。

「前任社長三澤千代昨天已經死亡了。現在站在這裡的是新任的社長三澤千代，我即將要改變前任社長的方針，提出新的政策。」竟然有人用這樣的說明向大家表達銳意改革的決心。

三澤千代治曾經出席自己的葬禮兩次。而且，每一次都公開向外界發佈自己的死亡通知。第一次是在世界石油危機的時候，第二次則是在住宅產業處於被迫由數量轉向質量的轉型期的時候。

爲什麼要做出這麼離奇古怪的謊言呢？這是因爲「爲了要跟隨時代的潮流，改變公司的經營方針，所以，公司每一個職員的觀念是非常有必要更新及強化的」。這樣的謊言，來自三澤千代治的「靈機一動」，想要從自己開始，進行公司的改革。

用「白紙黑字」進行約束

對於那些隨便就違反約定的人，或者是一直改變自己意見的人來說，最好的辦法就是讓他們把事情記錄下來。

美國奧姆衛伊公司爲了要使自己的銷售員工達成更大的目標，採取了下面的方法。他們在工作開始之前，首先就要先定下目標，而且還要把目標記錄下來，因爲他們認爲，記錄下來的東西上面有著魔法般的力量。

然後，等到自己的這個目標達到以後，再建立另外一個目標，而且也一樣要把下一個目標記錄下來，就這樣一步一步的開展工作。

美國的一家訪問銷售公司，爲了降低「鑑賞期間」的退貨率，使用「讓顧客參與記錄」的方法。這個方法是「不是讓銷售人員來記錄合約書，而是讓顧客親自寫合約」，就是靠著這樣簡單的方法，這家公司神奇地把反悔的顧客數量減少了。

這家公司讓每一個顧客都參與契約的訂定，如此顧客就比較不會輕易違反合約。把自己所考慮的東西記錄下來，讓本人有這樣的意識：「必須要對自己寫下來的東西負責任。

口頭的承諾可以隨時反悔，但是用文字所寫下來的東西卻是不能夠隨便反悔，否則明顯地就會讓別人覺得自己是在撒謊。」

透過書面記錄下來的東西，會讓人覺得是一定要完成的目標。

如果有人對上司說：「好的，我明白了」或者說「是的，我一定會照辦」，這種時候，主管最好要回答對方說：「那麼，你就把你實際想出來的做法，提交一個具體的方案給我。」這樣的反應，是阻止撒謊和推託的一個很好的方法。

下面有一個關於信念的心理實驗。在這個測試當中，首先對公司的全體員工徵求某個問題的意見，然後讓他們針對下面的三個方法來做回答。

第一個小組，讓他們把自己的意見寫在紙上，並且簽上自己的名字才提交上去。

第二個小組，讓他們把意見寫在一個白色的板上，過不久字跡會消失掉。

第三個小組，讓他們的意見保存在自己的頭腦當中就可以了。

接下來，測試人員會告訴他們：「你最初的判斷是錯誤的」，然後再詢問一下他們的意見。

透過這樣的過程，改變了自己最初意見的人比例由高到低，分別是第一個小組、第二個小組，接下來是第三個小組。也就是說，把自己的意見寫在紙上，而且還寫上自己的名字的那個小組，在他們寫下自己的意見之後，就沒有再改變的人數是最多的。與其說是「不改變初衷」，還不如說「最初的意見是幾經思量後才寫下來的，所以自己難以再更改」。

另外，在和小組的成員進行談話之前，叫他們把自己的意見寫在紙上，並且在大家的面前公開唸出來，在接下來的討論階段上，很多人都會堅持自己最初的意見。

從這些例子來看，通過公眾的參與的過程，而堅定自己信念的人數增多了。

對於那些隨便就違反約定的人，或者是一直改變自己意見的人來說，最好的辦法就是讓他們把事情記錄下來，再把他們的記錄給大家看，或者是複印起來保留著，這是最有效果的抑制反悔的辦法。

09

「扮相」比長相更重要

不同社會背景對服飾的要求有所不同，俗話說「人配衣服，馬配鞍」、「三分長相，七分打扮」，相當有理。

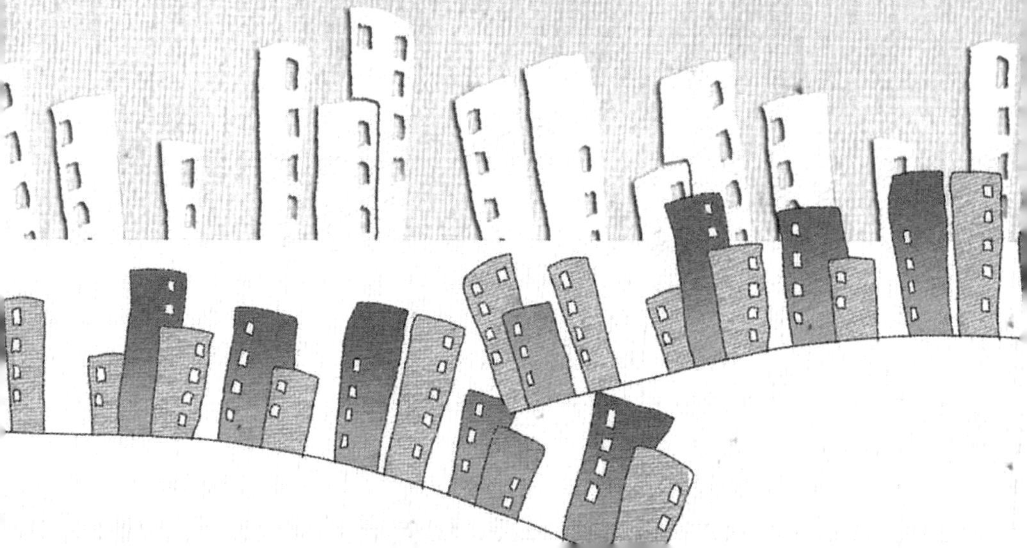

男性的飲食與性格特質

喜歡吃水果的男人往往從別人的言語和行為中察覺出一般人難以發覺的言外之意，就好像能夠從甜甜的蘋果中，體察出一絲絲的酸味。

人的行爲模式，往往流露出心理特質。從男人的飲食習慣與愛好，能夠進一步認識他們的個性與思考模式。

• 挑食——個性固執

從科學的角度來說，挑食是一種不好的行爲，每一類食物均衡攝取才能獲得身體所需的各種營養。

挑食的人喜歡挑肥揀瘦，這也不吃那也不吃。他們不是因爲吃了這些東西會讓身體變得很好或是很壞，往往是心理作用的影響，慢慢慣出壞脾氣。

這種男人往往比較固執，他們會爲了某些一點都不值得爭論的事情與人爭得面紅耳赤。在一般人眼裡那些事沒有什麼太大的價值，但他們卻認爲至關重大。

他們有一個一般人沒有的優點，就是較強的選擇能力，心思往往比較細膩，凡是經過精心挑選的東西，無論是職業、房子、情人或是妻子，通常都會很不錯。

完美主義很累，這是很多心理學家都反覆指出的事實。世界上很少有絕對完美的事情，挑食的男人往往追求完美，也經常被完美所累。

• 愛喝湯——生活被動

有的男人因爲酒力不如人而感到慚愧，所以他們不斷地喝湯，利用這種方式來掩飾自己酒力不如別人的事實。

這樣的男人，不光在酒桌上如此，在生活中也是如此，他們常常認爲自己矮人一截。這種自卑感在人際交往、爲人處世方面會不時表現出來，正因爲如此，這樣的男人常常與機會擦肩而過，最終一事無成。

在愛情方面，愛喝湯的男人好像也很不順利。他們雖然渴望愛情，也擁有令人羨慕的財富和地位，但是由於總是常常處於被動的地位，所以最終不得不成為「被愛情遺忘的角落」。

湯其實是個好東西，很多營養都溶解在裡面，但卻總是讓人視為副餐。喜歡喝湯的男人與湯一樣，往往被別人看成次品。這種人喜歡繁華落盡的寧靜，喜歡一天工作之後回到屬於自己的個人天地裡。

愛喝湯的男人有一點特別值得留意。從外表看，他們的個性內向、不善言詞，因此一般人不會對他們有所猜忌，但事實上，他們經常會在暗中盤算著別人，因此，有時候這種人會突然脫穎而出。

・愛嗑瓜子——心情寬鬆

愛嗑瓜子的男人，通常肚量比較大、心情比較寬鬆、言行比較隨意，屬於和善且又經常面帶微笑的人。

心理學家們研究指出，笑容是一種高投資報酬率的感情投入，投入越多，收穫就會越多。

對於笑容有很深體會的人一定懂得這個道理，所以他們常常逢人便笑，往往得到很多善意的回應。

笑所表達的意思難以用語言表達，對人燦然一笑，即使是很複雜的想法也可以表達得淋漓盡致。因此，一個人能夠笑口常開，就會向人們顯示他們樂天安命，知足常樂。笑容就如同門上掛著的一束橄欖枝，向人展現和善與友好。

一般來說，友好的笑容是不會得罪人的。嗑著飄香的瓜子，時而輕輕地微笑，時而開懷大笑，自然能將愉快的感情傳遞給他人，更為有益的是，能夠因此留給對方深刻的印象。

笑是一種自信的表現，可以表示胸有成竹，也可以表示歉意的解嘲。笑可以化腐朽為神奇，建立起人與人之間的心靈橋樑。愛嗑瓜子的男人常常以笑聲去征服別人，讓對方在毫無壓力的情況下產生敬畏之情。

•愛吃水果——好悟性

研究顯示，喜歡吃水果的男人愛聽奉承恭維的話。

這樣的人往往很敏感，能夠很隨意從別人的言語和行爲中察覺出一般人難以發覺的言外之意，就好像能夠從甜甜的蘋果中，體察出一絲絲的酸味。

他們常常會把別人的忠告或善意的教誨進行加工分析，看看是否別有用心。這種人會很認眞地聽取別人的意見，但是並不等於他們會聽從。

他們很理性，通常不會憑著第一印象評價一個人，也不會憑著直覺判斷是非曲直。不管對方給他們留下多好的第一印象，都不會很簡單地相信別人，要看對方是否有眞才實學，是不是能夠有所建樹，如果答案是肯定的，他們才願意相信。

這種人不能容忍重複犯錯，如果自己出錯，第一次可以原諒，第二次就不能容忍。對於別人也是如此，只給人一次犯錯的機會。

此外，愛吃水果的男人通常會得到上司的青睞，升遷的機會頻繁。他們懂得見風轉舵，瞄準機會向上攀登。這種人適合在仕途上尋求發展。

女性的性格與口味密不可分

不論是重口味還是愛吃零食，女人在口味與個性上的統一，就建立在這兩個飲食特質之上。

大部分女性在飲食方面帶給人兩種印象：重口味與愛吃零食。這兩種飲食習慣正反映出女人的心理特質。

・重口味

有的女性喜歡吃很鹹、很辣，或是很酸的東西，這就是人們常說的重口味。

一般而言，這種女性具備了女性的風韻，也擁有男性的勇毅；既有女性的柔情，也具備了男性的果敢。

根據資料顯示，口味重的人待人接物都比較穩重，對人有禮貌，做事有計劃，大部分喜歡埋頭苦幹，但是不太重視人與人之間的感情，有時還顯得有點虛偽。

喜歡吃酸的人比較有事業心，但是個性孤僻、不善交際，遇事喜歡鑽牛角尖，很少有知心朋友。

在她們的心目中，不喜歡林黛玉的「一年三百六十日，風刀霜劍嚴相逼」，也不喜歡王熙鳳那種「明是一盆火，暗是一塊冰」，她們往往敢作敢爲，還會成天迷戀著幻想中的白馬王子。

這種女性愛恨分明，她們可以放聲大哭，也可以朗聲大笑；她們會爲古人落淚，也會爲社會的不平而大聲吶喊。這種女性有女人的溫柔，也有男人的雄渾，十分可愛。這是口味與個性的統一。

口味重的女性善於思考，比較有主見，常常是吃軟不吃硬，但有時喜歡挑剔別人身上的小毛病。

•愛吃零食——心直口快

有的女性非常喜歡吃零食，只要是她們醒著的時候，嘴巴就不會停下來，常常是一邊說話一邊吃東西。

因爲常常邊吃邊說，所以這樣的女性往往話比較多，但是她們都是有口無心、爲人正直、値得信賴，但卻又總是口無遮攔，給人一種心直口快的印象。

這種不停吃東西的行爲，其實是一種孩子氣的表現，所以有些男人認爲女人就像個孩子。但另一方面，男人也認爲，愛吃零食的女人視野比較狹窄，不能參與激烈的競爭。不論是重口味還是愛吃零食，女人在口味與個性上的統一，就建立在這兩個飲食特質之上。

從化妝的用色看性格

橙色的唇膏給人溫柔、親切的感覺。喜歡這種顏色的女性能夠自我控制，具有優秀的判斷力，以職業婦女居多。

從一個女性化妝時所喜歡的顏色，也可看出隱藏的個性特點：

・粉色

粉色是最能表現純情和女性之美的顏色。

第一次約會時使用這種顏色唇膏的女性較多，喜愛這種顏色的女性擅長讓男士喜愛自己，對戀愛抱有很大的期待，即使平時寡言、不顯眼，一旦陷入戀愛，便會發生大膽的變化。

・紅色

紅色唇膏使嘴唇更爲突出，充分表現成年女性的風韻，沒有自信的女人，多半不會使用這種顏色。

・橙色

橙色的唇膏給人溫柔、親切的感覺。喜歡這種顏色的女性能夠自我控制，具有優秀的判斷力，以職業婦女居多。

她們在戀愛方面，具備獻身精神，在家庭中可成爲賢妻良母，可一旦被對方背叛，則可能產生強烈的報復慾望。

・褐色

這種顏色有種沉穩、安靜的魅力。喜歡此顏色的女性，多對自己的感覺抱有自信，能使化妝和服裝漂亮地搭配在一起。對流行相當敏感，對工作和戀愛的自我要求都很嚴格，能採取冷靜的態度看待、評估事物。

此外，對男性有敏銳的觀察力，理想較高。

・紫色

自我表現慾望很強，期望展現出被修飾過的自己。

一般化妝較濃，在髮型和服裝上也著重引人注目。重視自己的個性，不喜歡平凡的生活方式，給人難以接近、不易被引誘的感覺，但是另一方面也具有讓男性喜愛的不可思議魅力。

・珍珠色

喜歡用此顏色的女性，自我主張明確，有個性和熱情，希望坦率地面對自己的慾望，自由地享受生活，想做什麼就勇敢去做，不刻意隱藏。

在戀愛方面，討厭受男性束縛，期待冒險，很有主見。這類型女性很多易被比自己年少的男性所吸引。

透過對化妝品顏色的選擇，女性會不自覺地表現出自己隱藏的個性或潛意識，值得男性注意。

觀察首飾，也是了解人的好方式

身上掛著成串的紅寶石、綠翡翠，實際上全是贗品。這種人把自己的外貌放在非常重要的位置，也可能對生活要求甚高，但實力欠佳。

美國紐約知名心理學家伊莉尼醫生認爲，透過觀察女性佩戴的首飾，不僅能看出她的愛好和眼光高低，還可以反映出她的個性。

・金首飾

全身戴滿了金戒指、金耳環、金手鐲、金項鍊的人，往往頗有自信心、個性外向，並對人友善。如果只有少許金首飾，如一對耳環、一條項鍊，或只是一只金錶，則說明有欣賞好東西的品味，但不太外向，相當注意對自己的約束，不是一個態度隨便的人。

• 銀首飾

喜歡戴銀首飾的人，相當注重秩序，做事喜歡按照事先制定好的規則，尤其是每天必須進行的例行工作，而不喜歡突然使人驚奇。

• 家傳首飾

有些女性喜歡配戴家傳首飾，如舊手鐲、舊式耳環和戒指，或古老的胸飾，而不去買現代的首飾，身上絕無新潮的飾物。這類型的女性多半熱衷家庭、忠於家人，對朋友也非常忠誠。

• 誇張的首飾

喜歡戴很大的首飾，比如大耳環、大胸針、大顆的彩色假寶石等，大多是無憂無慮者，很有幽默感，喜歡在眾人中突出自己。

她們大多受人歡迎，也樂於助人，能與人和睦相處。

• 藝術品首飾

有人喜歡買手工做的首飾，或是自製的飾物，每件都要求與眾不同。這類人具有創造性，如果向文藝、戲劇方面發展，會有相當不錯的成就。

・宗教飾物

有人喜歡配戴小十字架或其他具宗教意味的小飾物，這種人有深切的內在力量，對自己的素質引以爲傲。爲人實際，不擺架子，不僅不希望有炫耀成分的飾物出現在身上，更不願意佩帶假首飾。

・假首飾

身上掛著成串的紅寶石、綠翡翠，看起來漂亮，實際上全是贗品。這種人把自己的外貌放在非常重要的位置，也可能對生活要求甚高，但實力欠佳。

首飾是一個人用以表現自我、肯定自我價值的方式。可以說，那些喜歡佩戴名貴首飾的人，儘管自傲，卻也是相當自卑的。

西裝筆挺展現一絲不苟個性

男人需要氣質，應該展現出瀟灑的味道。喜歡西裝的男人懂生活、重品質，同時也比較墨守成規。

西裝的造型端莊、瀟灑大方、舒展適體，在世界各地都相當流行。有的男性對西裝比較喜歡，常常都是西裝革履。之所以如此，是他們認爲西裝比較有品味，最能夠表現自己的身份和地位，以及陽剛之氣。

對於穿衣，法國人有這樣一句名言：「該穿什麼，就穿什麼。」

喜歡穿西裝的人，對此堅信不疑，很捨得花大錢去買一件名牌西裝，因爲他們認爲既然要穿，就得穿出樣子來。

他們對於把西裝當工作服的人，向來瞧不起，認爲縐巴巴的廉價西裝，給人一種頹唐的印象，既沒有品味，也沒有美感。

男人需要氣質，應該展現出瀟灑的味道。喜歡西裝的男人懂生活、重品質，同時也比較墨守成規。這樣的人能給上司和同事一種較穩重的印象，因此在事業上通常比較成功，也較容易得到女士的青睞。

按照一般的習慣，穿西裝就應該打領帶。

不言而喻，領帶是西裝不可缺少的良伴，一條合適的領帶，足以完整表現出一個人的風度和氣度。

事實上，領帶除了具有裝飾作用，還是時代潮流與個人個性的最好反映。

十九世紀，在藝術家當中，很流行展現出豐富情感的「大花」領帶，而現代的領帶則更加五花八門。生性靦腆的男人比較喜歡又短又小的領帶，至於年輕人則喜歡昂貴的名牌領帶。

愛用領帶點綴形象的男士，往往具有很強的活力，喜歡各種各樣的新潮款式。

一九八六年，時任法國總理的法比尤斯與前總理希拉克舉行一場選前電視辯論。輿論普遍認爲法比尤斯佔有明顯的優勢，因爲他的口才很好，又有比較豐富的經驗。

可是最後，反倒是希拉克取得了勝利。

專家分析認爲，法比尤斯之所以吃敗仗，在於衣著上出了大問題。他在螢幕前穿的是淺灰色西裝，給人的感覺比較灰暗，不太有精神。此外，他的襯衣和領帶與西裝搭配不上，這就使形象大打折扣。

由此可見，領帶與衣服的搭配非常重要。

經常繫領帶的男士一般比較注重細節，多能成大事，但可別拘謹過頭，給人呆板的印象。

不同服飾代表的不同個性

確實，牛仔裝已經成為正規服裝中的調味品。一旦男人穿上牛仔裝，奔放不羈的個性就會充分地顯示出來。

夾克，幾乎可說是男人的專利。

男人穿上夾克，的確可以以不變應萬變。細心觀察，會發現各種各樣的夾克，足以教人感到眼花撩亂。

正因爲夾克的樣式很多，可以滿足不同類型的男人，因此在男人的世界相當風行。年輕人、老年人都適合，年輕人穿上夾克，顯得很有活力，老年人穿上，則顯得神采奕奕。喜歡穿夾克的男人，沒有穿西裝的男人那樣拘謹，沒有穿中山裝的男人那樣嚴肅，也沒有穿牛仔裝的男人那樣自由。

穿夾克者，個性多自然樸實，自信且達觀。

休閒服本來是居家或節假日郊遊的便裝，現在已經成爲外出、上班、約會也可以穿的服裝了，特點是比較寬鬆、自在。

喜歡穿休閒服的男人，比較熱愛趕新潮，愛時髦，對於花樣翻新的休閒服可說情有獨鍾，無論在家還是外出，往往都穿同樣服裝，以吻合自己悠閒的心理狀態。

穿休閒服的男人不如穿西裝的男人莊重，不如穿夾克的男人含蓄，不如穿牛仔褲的男人瀟灑，但這種服裝正足以表現他們隨意的個性與生活態度。

喜歡休閒裝的人喜愛追求浪漫、輕鬆的生活。堅信百年人生轉瞬即逝，倒不如輕鬆相對，笑談相迎。

這種人在辦公室裡總是不能安分守己，比較適合從事記者、教師、作家等職業。他們不大希望轟轟烈烈地過一生，只希望輕鬆度日，當一個「有閒階級」就好，信奉的人生信條是「別活得太累」。

但要注意一點，若是浪漫過了頭，脫離現實，那就不好了。

當今世界，牛仔服裝已經在很多地方流行。特別是在西方社會，上至總統、總理，下至一般百姓，乃至街頭的市井無賴，都對牛仔衣、牛仔褲特別鍾愛。

確實，牛仔裝已經成爲正規服裝中的調味品。

一旦男人穿上牛仔裝，奔放不羈的個性就會充分地顯示出來。穿牛仔裝不僅僅是時尚的象徵，更重要的是方便、好搭配。很多問題，或許男性不在乎，女性卻相當在乎。有不少妙齡女性對這樣的男人很感興趣。不管怎麼說，這樣的男人是自由主義者，追求時尚，不拘細節，這一點毫無疑問。

T恤現在已經走向世界了，很多人都喜歡穿。T恤明亮的色彩，鮮艷的圖案，大大小小的色塊組合，的確給人們的生活增添了不少樂趣。

喜歡穿T恤的男人多較豪放，對生活充滿了希望。

這種衣服本來是運動員的著裝，所以，穿上這種服裝，常常也會給人一種比較強健、活潑的感覺。

有人統計過，時裝大師很多都是男性，而時裝的消費者則大部分是女性。這是很有趣的現象：大多數的男性愛穿比較灰暗的衣服，五顏六色的服裝多半是爲女性所準備。

心理學家們對此進行分析，認爲很多男性不敢穿花襯衫，是在自己的心目中有這樣的刻板印象，認爲花襯衫不夠陽剛。事實卻正好與認知相反，現實生活中，喜歡穿花襯衫的人，多顯得陽剛氣十足。

這樣的人是不甘沉默的，常常標新立異，總想引起世人的注目。有很強的創造力，是非常典型的男子漢。他們一般不會隨波逐流，如果有一天，大多數男人都穿上了花襯衫，他們一定會馬上改穿素色的襯衫。

穿花襯衫的男人喜歡無拘無束，自由奔放的生活。他們往往聰明伶俐，卻常常被人誤解，認爲狂放不羈，不守規矩。

可以說，喜歡穿著以上這些類型服裝的人，即使沒有運動員那樣的體魄，也多少會有運動員一般的心理特徵，比較隨性，相當有魅力。

用墨鏡隱藏心思

戴上墨鏡能把眼睛遮蓋起來，讓他人無法從看到瞳孔的變化，同時也隱藏自己的心思，顯得不好親近。

眼睛出了毛病就會戴眼鏡，這是很自然的事情，不過，透過眼鏡，往往還能夠看出一個人的個性。

有的人在與人說話的時候，總是將眼鏡戴上、摘下，又戴上。有些人甚至會有把一邊的眼鏡腳架靠近嘴邊或放進嘴裡的習慣，這些都是下意識的行爲。

戴眼鏡的人做這些動作，潛在的目的是爲了拖延時間，以便做出某個他們認爲重要的決定。如果一時拿不定把握，還會不斷地重複使用這個動作，下意識地掩飾自己的緊張情緒。

在討論會上，也常常會出現以下情況：當一個人被迫做出某種決定時，會藉重複同樣的動作拖延時間。

這種摘眼鏡、戴眼鏡的動作，有時會產生一種特殊效果：講話的時候將眼鏡摘下，聽別人講話的時候又將眼鏡戴上，不僅會給聽話的人較平易近人的感覺，也幫助自己把握住發言的主導權。

當自己摘下眼鏡的時候，對方不會搶話頭，而自己戴上眼鏡的時候，對方就可以毫無顧忌地按照原定想法發言。

過去，許多人認為戴眼鏡者多半高傲、嚴肅，難以接近，其實不一定正確。

產生這種認定的原因，可能是因為眼鏡本身。

眼鏡常常是讀書人的標誌，在有些人心目中，讀書人比較清高，所以把戴眼鏡的人與讀書人畫上等號。

另外，可以發現，越來越多人喜歡戴墨鏡。

俗話說「眼睛是靈魂之窗」，因此，隱藏眼睛的變化，與隱藏自己的內心世界沒有什麼區別。戴墨鏡的人，除了想要遮擋太陽光，最主要動機就是隱藏自己的心靈，希望與別人保持距離，藉以讓自己的內心世界獲得暫時的安寧。

戴上墨鏡能把眼睛遮蓋起來，讓他人無法從看到瞳孔的變化，同時也隱藏自己的心思，顯得不好親近。

鑑於這種情況，戴墨鏡的人與人交談的時候，應該主動把墨鏡取下來，以免造成不必要的障礙。

藉妝扮肯定自己

女性喜歡化妝，這是毫無疑問的。但是觀察後發現，很多青春少女並不注重化妝，而特別注重化妝的，常常已經是半老徐娘。

從外表上看，有人的長相美，有人的長相不太好看。譬如高鼻子、雙眼皮是美的標準。但是對於東方女性來說，由於遺傳方面的因素，很多人是不合格的。長相不好看該怎麼辦呢？

爲了美的需要，有些女人不怕痛苦，不怕花錢，決定走上美容這條路。

一般來說，敢於選擇美容的女人，渴望生活得更美好，相信明天會更好。這樣的女人，身上必定展現出蓬勃的生氣。

可以說，敢於美容的女性是生活的強者。她們不吝於重新塑造自己，畢竟不管出於什麼目的，走進美容院，都是希望自己的外表獲得新生。

女性喜歡化妝，這是毫無疑問的。但是，觀察後我們會發現，很多青春少女並不注重化妝，而特別注重化妝的，常常已經是半老徐娘。這些女性化妝的目的，就是爲了讓青春常在。

這樣的女人對化妝品特別留意，一旦聽說有新產品上市，特別是據說可以讓「青春永駐」的化妝品，多半不吝惜花錢嘗試。

這樣的女人多半信心不足，企圖靠化妝品爲自己壯膽打氣。

不過，要注意一點：愛美固然不是壞事，卻不能犧牲健康，千萬別因爲過度塗抹化妝品而弄壞了自己的皮膚與身體。

另外，有一種現象：許多女性明明收入不高，卻硬是要想方設法買一、兩件比較貴重的首飾，戴在身上。

女人喜歡首飾，這沒有什麼了不起，愛美之心人皆有之。但有的女人滿身打扮得珠光寶氣，只要看到喜歡的首飾，即使節衣縮食也要買下來，這就值得商榷了。

戴一枚結婚戒指，是對情愛的渴望，這的確是人之常情。但是，那些很看重首飾的女人，戴首飾的目的往往是向他人炫耀。很顯然，她們是希望用這些東西抬高自己的身價和地位。

只要認眞觀察一下就可以發現，佩戴越多首飾的女人，越缺乏自信。那些受到尊敬、享有盛名的專家、教授、政府官員等，身上很少配戴首飾，就是最好的證明。

10

透過顏色
洞察性格

顏色就像密碼，用一種不同於語言的方式，幫性格和想法說話，傳遞訊息。透過一個人對顏色的喜愛，可以觀察出他的性格和心理。

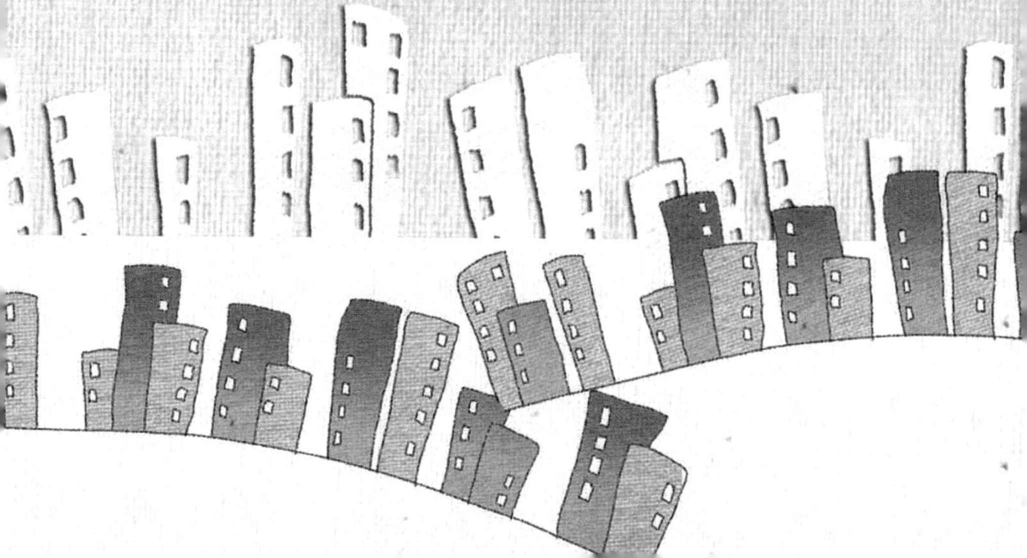

透過顏色洞察性格

顏色就像密碼，用一種不同於語言的方式，幫性格和想法說話，傳遞訊息。透過一個人對顏色的喜愛，可以觀察出他的性格和心理。

很多時候，造成我們在交際場合判斷錯誤或遭遇挫敗的，並不是別人的刻意偽裝，而是我們自己不具備基本的識人概念。

其實，只要懂得從一個人對顏色的偏好進行科學性的分析，就可以大致解讀一個人潛在的性格密碼。

每個人都有自己偏好的色彩，就跟有喜愛的食物一樣。

紅色是刺激性較強烈的色彩，象徵著燃燒的願望。喜歡紅色的人多精力充沛，感情豐富，爲人熱情而奔放。

黃色是健康的色彩，意味著健康、單純、明麗，喜歡黃色的人大多屬於樂天派，熱愛生活，做事瀟灑自如，精力充沛，身心健康。

綠色是令人感到穩重、安適的顏色，喜歡綠色的人的性情多較平靜，充滿了希望和樂觀。

這一類型的人，也多具有積極向上的心理以及青春的活力。

藍色本身是一種不容易令人產生遐想的色彩，喜歡這種顏色的人多半嚴肅深沉，平時態度比較安定，遇事能保持鎮定自若。

紫色是寒色系的代表，象徵了權力，表現著貴族意味。喜愛紫色的人多有多愁善感、焦慮不安的性格傾向。

白色是潔淨卻會產生膨脹感的顏色，象徵純眞、樸素、神聖。喜愛白色的人個性多比較單純，但有一定的進取心。

黑色是代表死亡的色彩，比較壓抑、消極，但也顯得高貴，能隱藏任何缺點。

喜愛黑色的人多顯得小心謹慎，經常會將熱情壓在心底。

褐色是安逸祥和的顏色，喜歡褐色的人多比較安靜，不具太大野心，比較滿足於平平安安、沒有紛爭的生活。

翠綠色給人的感覺比較清爽明快，喜歡翠綠色的人通常與常人有很多不同之處，他們屬於生來比較高雅、清高的類型。

一般而言，人在服裝色彩選擇上，都與自身個性有關係，做出的決定必然與當時的心理活動狀態有著一定聯繫。所以，透過一個人對顏色的喜愛，可以觀察出他的性格和心理。

這就是顏色獨一無二的「語言」。

顏色如同密碼，用一種不同於口語的方式，幫性格和想法說話，傳遞訊息。

從髮型可以看穿個性

個性不同，髮型自然不同。即便遇到陌生人，也能大致從髮型判斷個性，使自己在人際交流上無往不利。

我們經常可以從各大媒體上看到演藝人員各種各樣稀奇古怪的髮型，那無疑是一種個性的張揚。

事實上，不同的髮型往往充分表示人的不同個性，只要仔細觀察，不難發現這點，在互動之時加以運用。

男性不管是留長髮、剃光頭，或是其他顯得特別的髮型，必定有個普遍的共同點，就是標新立異，想別出心裁突顯自己，增加自身的魅力。

與男性相比，要研究分析女性的髮型，則更加複雜。

女性若留著飄逸的披肩髮，看來比較清純、浪漫；若留的是齊耳的短髮，則顯得天真活潑，無憂無慮；燙成捲髮，則會讓這個人感覺起來有青春的活力，或多或少帶些野性。

女性若把頭髮梳得很短，讓它保持順其自然的狀態，說明這個人比較安分守己，甚至是封閉保守的；如果把頭髮梳理得很整齊，但並不追求某種流行的款式，則說明她可能是比較含蓄，但有較強烈的自主意識的人；在自己的髮型上投入很多的精力，力求達到精益求精的程度，那就說明這是一個自尊心比較強，追求完美，愛挑剔的人。

頭髮像鋼絲，又粗又硬，而且還很濃密，這樣的人疑心病比較重，不會輕易相信別人。他們最相信的人就是自己，凡事都要自己動手，操縱和掌握一切，才覺得放心。

這樣的人做事很有些魄力，組織能力也比較強，具有一定的領導才能。此種類型的人，理性的成分大大地多於感性，一旦涉及感情方面的問題時，往往會顯得較爲笨拙。

頭髮很粗，但色澤淡，質地堅硬，很稀疏，這類型的人自我意識極強，剛愎自用，往往聽不進去別人半句話。他們不甘心被人管理，渴望能夠駕馭別人，生來比較自私，缺乏容人的度量。

一般來說，這一類型的人，頭腦還算聰明，可是目光較爲短淺和狹窄，只專注於眼前，看不到長遠的利益，多不會有多大的成就。

頭髮柔軟，但卻極稀疏，這類型的人，自我表現慾望一般來說比較強。喜歡出鋒頭，更愛與人爭辯，試圖以此吸引他人的目光，獲得他人的關注。

他們一般都自負，妄自尊大，很少把他人放在眼裡，儘管自己在某些方面表現得相當糟糕。

他們在做事的時候，缺少必要的思考，常會做出錯誤的判斷，而且還容易疏忽和健忘，典型的眼高手低。

頭髮濃密粗硬，卻能自然下垂，這種人從外形上來看，多半比較肥胖，也顯得比較慵懶，不喜歡活動，但是他們的心思多半縝密，往往能夠觀察到特別細微的地方。

他們的感情比較豐富，易動情，對情感較難專一。

下面所說的類型，則是針對男性朋友而言的：

頭髮和鬍鬚連在一起，又濃又粗，這種類型的男性，給人的第一感覺往往是慓悍、強壯的。此外，他們還顯得比較魯莽，性格豪放不羈，有俠義心腸，喜歡多管閑事，好打不平，多半不拘於小節。

頭髮淡疏，粗硬而捲曲，這類型的人思維比較敏捷，善於思考，有很好的口才，能夠輕易地說服別人。他們的性格彈性比較大，可以稱得上是能屈能伸，不論處於何種環境，都能適應。

但他們的屈和伸，又是在堅守一定的原則和基礎上進行的，無論外在事物價值如何變遷，形式如何變化，內在還是有一些穩定不變的東西。

頭髮濃密柔軟，自然下垂，這一類型的人性格大多比較內向，話語不多，善於思考。從某種程度上說，他們具有很強的耐性和韌性，也因此從事的事業多半與藝術方面有關。

頭髮自然向內捲曲，如燙過一樣，這一類型的人脾氣比較暴躁，而且疑心比較重，總是患得患失地在猶豫和矛盾中掙扎。除此之外，嫉妒心相當重。

髮根彎曲，髮梢平直，這一類型的人自我意識比較強，厭惡被人約束和限制，不會輕易地向他人妥協。

頭髮長長直直的，看起來顯得非常飄逸和流暢，這種人的性格大多界於傳統與現代之間，既含蘊世故，又大膽前衛，視情況而調整。他們通常有很強的自信心，對成功有迫切渴望。

頭髮很短，看起來很簡潔的人大多野心勃勃，生活總是被各式各樣的事情佔據著。他們內心很想把所有事情做好，但實際上什麼也做不好，因為缺少必要的責任心，遭遇困難挫折的時候往往選擇逃避。不過，他們做事時，多半能將準備工作做得很細緻。

熱衷於波浪型捲髮的人，對流行比較敏感，大多很在乎自己外在的形象，並且知道怎樣才能使一切協調，以達到最佳效果。

他們比較現實，絕大多數時候，能夠根據客觀現實，協調和改變自己。他們也能夠把握自己的命運，會積極主導自己的生活，使一切事都符合要求。

喜歡蓬鬆及前端梳得很高的髮型的人比較保守，還帶點固執，或者也可以說是執著。一旦他們喜歡上一件東西，認準某一件事物，絕大多數的情況下，都不會再輕易地改變自己的想法及觀念。

故意把髮型弄得很怪的人，表現慾望很強烈，希望自己能夠吸引更多的目光，經常不考慮他人的心情和感受，有什麼話就說什麼話。

他們對任何一件事情都有自己獨特的見解和認識，並且始終堅持自己的立場，很有魄力，敢與同權勢力對抗，不屈不撓。雖然這種人的行爲有時顯得讓人難以接受，卻仍能得到不少人的尊敬。

喜歡平頭的人，男子漢的味道更濃一些，他們討厭娘娘腔，對具骨氣的人十分有好感。他們自己本身看似缺乏溫柔，但實際上也有細心的一面。他們的思想，相對而言比較保守和傳統的，也很在乎自己在別人面前的表現。

喜歡剃光頭的人，多半是在努力營造自己留給別人的印象。這樣的人很容易給人神秘感，讓人猜不透他們心裡在想些什麼。

個性不同，會喜歡的髮型自然不同，從髮型判斷一個人的性格，有著某種程度的參考價值。即便遇到陌生人，也能大致從他的髮型判斷出個性，使自己在人際交流上取得優勢無往不利。

從領帶打法認識男人

領帶的作用是使男人更加溫文爾雅，小小一條領帶，卻有大大的學問，這就是服飾風格的無聲語言。

西裝是男性服飾中的重要角色，領帶則是西裝最重要的裝飾物，作用類似於女士的絲巾。

男人的行事原則和人品秉性，也會展現在領帶的打法與顏色的搭配上。只要仔細觀察周遭男人的領帶，便不難發現一些蛛絲馬跡。

- 領帶結又小又緊的人

這種男人身材瘦小枯乾，因而有意憑藉小而緊的領帶結，讓自己在他人匆忙的一瞥時顯得「高大」一些。

如果自身並無體形的困擾，則是在暗示他人最好別惹他們，他們絕對不會容忍別人對自己有半點輕視和怠慢，這是氣量狹小的表現。在日常生活和工作中，他們總是謹言慎行，疑心甚重，因此養成了孤僻離群的性格。

他們凡事大多先想到自己，熱衷於物質享受，對金錢很吝嗇，一毛不拔，幾乎沒有什麼人願意和他們交朋友。即便如此，他們仍樂於一個人守著自己的陣地，孤軍奮戰。

• 領帶結不大不小的人

先不考慮領帶的色彩和樣式，也不管長相和體形如何，打上這種領帶結的人，大都容光煥發，精神抖擻。他們可以從中獲得心理上的鼓舞，不知不覺會在與人交流的過程中注重自己的言談舉止，不管本性如何，都顯得彬彬有禮，不輕舉妄動。

由於認識到領帶的作用，他們在打領帶的時候常常一絲不苟，把領帶打得恰到好處，給人良好的視覺感受。他們安分守己，會把大部分的精力投注到工作當中，勤奮上進。

• 領帶結既大又鬆的人

領帶的作用是使男人更加溫文爾雅，但將領帶打得既大又鬆的男人，展現出風度翩翩的形象，絕不是矯揉造作出來，而是貨眞價實的，是他們豐富感情展露出的風采。

他們不喜歡拘束，積極拓展自己的生活空間，主動與他人交往，練就高超的交往藝術，在社交場合深得異性的歡心和青睞。

• 領帶綠色、襯衫黃色的人

綠色象徵生命和活力，是點綴大自然最美妙的色彩；黃色代表收穫和金錢，是財富與權勢的徽章。這樣搭配領帶和襯衫的男人富有青春活力與朝氣，想什麼就做什麼，不喜歡拖泥帶水，對事業充滿信心，不過有時魯莽衝動，自制能力較差，需要學著改進。

・領帶深藍色、襯衫白色的人

「藍領」代表職員階層，「白領」代表管理階層，喜歡將兩者融合在一起的人，顯得少年老成，同時風度翩翩。由於視野寬闊，白領的誘惑遠遠超過藍領，他們對工作特別專注，事業心極重，但也可能導致在奮鬥過程中出現急功近利的表現。

・領帶多色、襯衫淺藍色的人

五彩繽紛是人們對美好事物的形容，充滿了迷離和誘惑，普通人和勤奮的人往往對此敬而遠之。選擇這種領帶和襯衫的人擁有一股市儈氣息，熱衷於名利。花花世界常常使他們心猿意馬，見異思遷的他們對愛情往往不能專心致志，追逐的目標總是換了一個又一個，並不是好事。

・領帶黑色、襯衫白色的人

黑白分明是對閱歷豐富之人的形容，喜歡這種打扮的人多半穩健老成。由於看得多，感悟也多，他們懂得什麼是人生最值得的追求，善於明辨是非。

• 領帶黑色、襯衫灰色的人

不用看他們的表情如何，僅這身打扮就讓人產生不舒服的感覺。他們穿著之時恐怕忘了照鏡子，沒發覺自己全身上下散發深沉的憂鬱。憂鬱往往是氣量狹小所致，由於太過陰沉，這樣的人相當使人不快。

• 領帶紅色、襯衫白色的人

紅色象徵火焰，代表奔放的熱情，更是積極主動的表現，所以男人選擇紅色領帶，無異是想追逐像太陽一樣的光輝，使自己成爲關注的焦點。

他們本應該屬於充滿野心的類型，但白色代表純潔，是和平與祥和的象徵，白色襯衫讓別人對他們刮目相看，見到他們便會產生熱情加上純潔的感覺。

• 領帶黃色、襯衫綠色的人

用辛勤的耕耘換取豐碩的收穫，按照理想設計生活和人生，並勇於實施，流露出的是詩人或藝術家的氣質。

這種人相信付出就會有回報，不會杞人憂天地擔心秋天因爲意外的暴風雨而導致顆粒無收，他們與世無爭，保持柔順的性情，對人非常和藹可親。

‧不會繫領帶的人

連繫領帶這種小事都要人代勞的人，大多心胸豁達，不拘小節。他們或許有某種常人沒有的絕技在身，或是先天具備領袖才能，因而不屑將精力消耗在繫領帶這樣的細節問題上。他們性情隨和，有同情心，朋友甚多，口碑亦好，且夫妻情篤、家庭和睦。

小小一條領帶，卻有大大的學問，這就是服飾風格的無聲語言。

從手提包揭露一個人的內心

你拿的是哪種手提包，身邊的親友又多是使用何種類型的呢？不同個性的人會利用不同的提包，這其中的奧秘，值得留意。

手提包是工作、學習和生活當中非常重要的一件物品，很多時候幾乎與人形影不離。因此，在一定程度上可以向外界傳達相當的資訊，讓外界透過手提包認識擁有它的主人。

手提包的樣式相當多，可以根據自己的喜好進行選擇。一般來說，選擇的提包比較大衆化的人，性格也比較大衆化，或者是說沒有什麼特別鮮明的、屬於自己的個性。

這樣的人跟隨潮流盲目地走，大家都這樣選擇，所以也這樣選擇，沒有自己的主見，目光思想都比較平庸和狹窄，不會有太大的成就和發展。

選擇有特色的手提包，甚至讓人看一眼就難以忘卻，這樣的人，性格要分兩種不同的情況來分析。

一是他們的個性的確特別強，特別突出，對任何事物都能從自己獨特的思維、美感等各方面出發，從而做出選擇。

這一類型的人多具有藝術細胞，喜歡我行我素，不被人限制，而且標新立異，敢冒風險，具有一定的膽識和魄力。如果沒碰上什麼意外，自己又肯努力，會在某一領域做出一定的成績。

另外還有一種人，並不是眞正有什麼個性，也沒有什麼審美眼光，不過是爲了要顯示自己與衆不同，故意做出與其他人不一樣的選擇，以吸引更多的目光。這類型的人，自我表現慾望及虛榮心都比較強。

選擇休閒式手提包的人，可以看出他們的工作有很大的伸縮性，自由活動的空間比較大。正是由於這樣的工作條件，再加上先天的性格，這類型的人大多很懂得享受生活。

他們對生活的態度比較隨便，不會過分苛刻地要求自己，比較積極樂觀，也有一定程度的進取心，能適當地安排工作、學習和生活，在比較輕鬆愜意的氛圍裡把屬於自己的事情做好，取得一定成績。

選擇手提包多是公事包的人，也說明了提包主人工作的性質。他們可能是某個企業單位的經理，如果是普通職員，也是比較正規單位的，選擇公事包可能出於工作上的需要，但在其中多少也能透出一些性格的特徵。

這樣的人辦事大多較小心和謹慎，不一定就是不苟言笑，但即使是有說有笑，對人仍然是相當嚴厲。

當然，他們對自己的要求往往更高。

有小把手的方形或長方形手提包，有些時候可以當成是一種配件。

這種手提包外形和體積都相對比較小，使用起來並不是特別方便。喜愛這種款式手提包的人，多半是沒有經歷過什麼磨難，比較脆弱且不堪一擊，遇到挫折，容易妥協和退讓。

喜歡中型肩背式手提包的人，在性格上相對比較獨立，但在言行舉止等各方面卻相對傳統且保守。他們有一定相對自由的空間，但不是特別大，交際圈子比較狹窄，朋友也不是很多。

非常小巧精緻，但不實用，裝不了太多東西的手提包，一般來說，應該是年紀比較輕，涉世也不深，比較單純女孩子的最好選擇。但如果已經過了這樣的年紀，步入成年，非常成熟了，還熱衷於這樣的選擇，說明這個人對生活抱持非常積極而又樂觀的態度，對未來充滿了美好的期待。

比較喜歡具有濃郁的民族風味、地方特色的小提包的人，自主意識比較強，是標準的個人主義者。他們個性突出，往往有著與他人截然不同的衣著打扮、思維方式等等。有些時候顯得與別人格格不入，要想營造出比較好的人際關係，其實存在著一定的困難。

喜歡超大型手提包的人，性格多半自由自在、無拘無束。他們很容易與他人建立某種特別的關係，但是關係建立以後，也很容易就破裂。這也是由他們的性格所決定的，因為生活態度太散漫，缺乏必要的責任感。雖然他們自己感覺無所謂，但卻不是所有人都能夠容忍和接受。

把手提包當成購物袋的人，多半希望能尋找捷徑，在最短的時間內以最少的精力把事情辦成。他們很講究做事的效率，但做起事來又比較雜亂無章，沒有一定的規則，很多時候並不能如願以償。他們的性格多比較親切隨和，很有耐性，滿足於自給自足。

在他們的性格中，感性的成分要比理性成分多一些，做事有些喜歡意氣用事，獨立能力比較強，不太習慣於依賴別人。

喜歡金屬製手提包的人，多是比較敏感的，能夠很快跟上流行的腳步，對新鮮事物的接受能力很強。但是這類型的人，很多時候自己並不肯輕易地付出，總是希望別人能夠付出。

喜歡中性色系手提包的人，表現慾望不是很強烈，不希望被人注意，目的是減少壓力，凡事多持得過且過的態度，比較懶散。在對待他人方面，喜歡保持相對中立的立場。

喜歡男性化皮包的人（這裡理所當然是針對女性而言），一般來說都是比較堅強、能幹，並且個性較爲外向者。

雖只有一個手提包，但有很多的口袋，可以把各種東西放到該放的適合位置。

選擇這種手提包的人，生活十分有規律，能在大多數的時候保持頭腦的清醒，不會輕易做出糊塗的、讓自己後悔的事情。

提包裡的東西擺放得亂七八糟，沒有一點規則，要找一件東西，需要把提包內的所有東西全部倒出來，這樣的人，基本上生活是雜亂無章的，奉行的是「無所謂」的隨便態度。

這種類型的人做事比較含糊，目標不明確，但對人相對比較熱情親切。可是，由於他們的生活態度有些過分隨便和無所謂，常常導致使自己陷入難堪的境地。和這一類型的人相識、相交都相當容易，但是分開也不難。

提包內的各種東西擺放得層次分明，想要什麼伸手就可以拿到，這說明提包的主人是很有原則性的人，他們有很積極的進取心，辦事認真可靠，待人也較有禮貌。

一般來說，這一類型的人有很強的自信心，組織能力突出，缺點是比較嚴肅、呆板，過分拘泥於生活中的某些細節。

不習慣帶手提包的人，性格要分幾種情況來說，有可能是因爲性格比較懶惰，覺得帶個包包是種負擔，太麻煩了；還有一種可能是他們的自主意識比較強，希望獨立，手提包會在無形當中造成障礙。

兩種情況都是把手提包當成是負擔，由此顯示出這種人的責任心並不是特別強，內心並不希望對任何人、任何事負責任。

看看你拿的是哪種手提包，身邊的親友又多是使用何種類型的呢？不同個性的人會利用不同的提包，這其中的奧秘，值得留意。

手錶是人的另一個外表

配戴有好幾個時區手錶的人多半有些不現實。他們有一定的聰明和智慧，但一切都止於想像而已，不會去付諸實踐。

一個人對時間持什麼樣的看法，其實是由性格決定的，而時間對人具有什麼樣的影響，很多時候又可以透過所戴的手錶傳達出來。這兩者之間，有著非同一般的關係。

有一種新型的電子錶，只要按一下顯示時間的鍵，就會出現數字，如果不按，則錶面上一片漆黑，什麼也看不見。喜歡戴這類型手錶的人多半有些與眾不同，自我獨立意識強烈，從來不希望受到他人的約束和控制，喜歡自由自在，無拘無束地去做自己想做、願意做的事情。

他們善於掩飾自己的眞實情感，一般人不能輕易走近瞭解他們。在他人看來，這類型的人非常神秘，他們自己也非常喜歡這種神秘感，樂於讓他人對自己進行各種猜測。

喜歡液晶顯示型手錶的人，在生活中多比較節儉，知道精打細算。他們的思維比較單純，對簡潔方便的事物比較熱衷，對於太抽象的概念則難以理解。在為人處世各方面大都持比較認眞的態度，一點也不隨便馬虎。

喜歡戴鬧鐘型手錶的人，大多對自己的要求比較嚴格，總是把神經繃得緊緊，一刻也不肯放鬆。

這類型的人雖算不上傳統和保守，但習慣按一定的規律和規定辦事，在爭取成功的過程中，會以相當直接而又有計劃的方式完成的。他們有責任心，有時候會刻意培養並鍛鍊自己在這一方面的能力。除此以外，還有一定的組織和領導才能。

配戴有好幾個時區手錶的人多半有些不現實，他們有一定的聰明和智慧，但一切都止於想像而已，不會去付諸實踐。這種人做事常三心二意，這山望著那山高。在一些沉重的責任面前，常選擇以逃避的方式面對。

戴古典金錶的人具有發展眼光和長遠打算，絕對不會爲了眼前即將得到的利益而放棄日後更有發展前途的事業；天生心思縝密，頭腦靈活，往往極有遠見。他們的思想境界比較高，而且很成熟，凡事看得清楚透徹，有寬容力和忍耐力，又很重義氣，能夠與家人朋友同甘共苦。

這類人也有堅強的意志力，不會輕易向外界的困難和壓力低頭。

喜歡懷錶的人，對時間很有控制能力。雖然他們每天的生活都很忙碌，但卻不是時間的奴隸，懂得在有限的時間裡放鬆自己，尋找快樂。他們善於控制和把握自己，適應能力比較強，能夠適時調整心態。

他們有比較強的懷舊心理，樂於收集一些過去的東西。此外，言談舉止高雅，可以顯示出一定的文化修養，有比較濃厚的浪漫思想，常會製造一些出人意料的驚喜，爲人處世有耐心，很看重人與人之間的友情。

喜歡戴上發條的錶的人，獨立意識多比較強。

他們自給自足，很多事情都堅持一定要自己動手，樂於從事那些可以很快見到成果的工作，最看重的是靠自己的勞力所獲得的成就感，但在這個過程中，又不希望一切輕而易舉就獲得，這樣反而沒有了意義和價值。

他們並不希望得到別人過多的關心和寵愛，凡事靠自己。

喜歡戴沒有數字的錶的人，抽象化的概念較爲強烈，擅長於觀念的表達，不希望將什麼事情都說得一清二楚，很在意個人智力的鍛鍊和考驗，認爲把一切都說得太明白就沒有任何意義了。

他們很喜歡玩益智遊戲，而且本身就是相當聰明富智慧，對一切實際的事物並不是特別在意。

喜歡戴由設計師特別為自己設計的手錶的人，多半非常在乎自己在他人心目中的形象和地位，可以為了迎合他人而改變自己。他們時常會大肆渲染誇大一些事情，以證明並表現自我，吸引他人的注意。

不戴手錶的人，大多有比較獨立自主的個性，不會輕易被他人支配，只喜歡做自己想做的事情。他們的隨機應變能力比較強，能夠及時想出應對的策略。

手錶是人的另一個外表，透過手錶讀人，其實一點也不難。

透過戒指看個性

戒指不只是財富或情感的象徵，事實上，也是個人品味、個性、特色的表徵，意義相當豐富且深厚。

戒指是手上最常見的飾物，透過它，可以看出主人的一些性格特徵。

一般來說，常見的戒指有以下幾種：

一個人戴的如果是結婚戒指，戒指越大越華麗，則表明這個人的自我膨脹感和表現慾越強烈。

如果戒指是緊緊地套在手指上，則表明對人很忠誠，反之亦然。

戴刻有家族標誌的戒指的人，說明對家庭是相當重視的，而且也有表現、證明自己是某一家族成員的心理。

戴著代表自己生辰標誌戒指的人，很想讓他人瞭解和注意自己，同時也非常想去瞭解他人，並且會給予周遭環境一定的關注。

喜歡戴鑽石戒指的人，希望以此引起他人的注意，常會爲自己所取得的成沾沾自喜，而且還有一點驕傲自滿，常陶醉在過去的美好回憶當中。

喜歡戴鑲有寶石戒指的人，非常在意自己外在的形象，卻忽略了內在的修養，雖然外表看起來很有實力，實則外強中乾。他們有較豐富的想像力，一切行動則常只憑一時的心血來潮。

樂於戴一枚小戒指的人，多有比較豐富的想像力和突出的創造力，只是這些東西有時並不適合現實生活。

他們常懷著非常迫切的心情想向他人說明自己的想法。對生活的態度比較積極，知道該如何適當地表現自己。

手工戒指是非常獨特和複雜的，對這種戒指情有獨鍾的人，性格大多也是如此。他們同樣有較強烈的表現慾望，爲了讓他人認識和關注自己，可能會花費很大一番心思。

這樣的人喜歡標新立異，樹立自己獨特的風格，並且有十足的信心認爲一定會成功。

從來不戴戒指的人，則不喜歡雜亂和煩擾的感覺。他們在生活中力求自然舒適，無拘無束地表達內在的各種思想和情緒。

戒指不只是財富或情感的象徵，事實上，也是個人品味、個性、特色的表徵，意義相當豐富且深厚。

帽子也是個性的展示

帽子對於一個人來說，有著很重要的用途，可以幫人建立某種形象，使個性得以在眾人面前展現。

帽子不僅僅只有禦寒功能，還能達到美觀和樹立形象的作用。世界各地都在生產形式各異的帽子，出入任何一家娛樂場所或大型酒樓餐館，都會看到衣帽間的牌子。這說明了帽子對於一個人來說，有著很重要的用途，可以幫人建立某種形象，使個性得以在眾人面前展現。

透過帽子，可以得到哪些訊息呢？

• 愛戴禮帽的人

戴禮帽的人都自認爲穩重而有紳士風度，希望讓人覺得自己有沉穩和成熟的風格，在別人面前，經常表現得熱愛傳統，例如喜歡聽古典音樂或欣賞芭蕾舞，不喜歡流行的事物。

這類型的人看不慣很多東西，相當自命不凡，認爲自己是做大事的人，進入任何一個行業都應該是主管級的人物。

可惜他們過分保守並且缺乏冒險精神，以致成就並不大，能闖出的事業也不如想像那般美好。

周遭的朋友會覺得他們保守、呆板、不容易分享眞心話，即使在見面之時表現得斯文有禮，也不能加深彼此之間的友誼。這種人和朋友之間的友誼都不能保持深度，儘管有時也會試圖去改變，但天生的性格使他們難以表達自己的心思，反倒適得其反。

• 愛戴旅遊帽的人

這種帽子既不能禦寒也不能抵擋陽光照射，純粹作爲裝飾之用。用這樣的帽子來裝扮自己，多半是爲投射某種氣質或形象，或者另有企圖，例如掩飾一些認爲不理想或者有缺陷的東西。

從表現出來的特點看，這類人不夠誠實，不肯以眞面目示人，又善於投機鑽營，因此眞正瞭解他的朋友少之又少，一般所看到的只不過表面。

由於過度聰明，過度自以爲是，總愛在別人面前既唱黑臉又唱白臉，以爲自己表現得天衣無縫，其實別人早已看出他們是不可深交之人。

他們眞正的朋友不多，多半是面和心不和的人。雖然有時他們也看出自己的缺點，但由於本性，難以改變這些事實。

事業上，這種人喜歡用投機之術去鑽各種漏洞，有時確實會收到不錯的效果，可等到黔驢技窮，就會被上司和同事看穿。

•愛戴鴨舌帽的人

一般來說，有點年紀的人才戴鴨舌帽，顯示出穩重、辦事忠實的形象。如果男人戴這類帽子，那麼必定認爲自己是個客觀的人。面對問題時，能從大局著想，不會因爲一些旁枝末節而影響整個大局。

他們會自以爲是老練的人，因而與別人打交道時，即便對方胸無城府，還是喜歡與別人兜著圈子玩，寧可把對方搞得暈頭轉向，也不直接了當說出自己的心思。

之所以這麼做，因爲他們習慣自我保護，不願輕易讓別人瞭解內心。這種人不是個攻擊型的人，但卻是很會保護自我的防守者，很少傷害別人，但也不容許別人傷害自己。

這種人很會聚財，相信艱苦創業才是人生的本色，多勞多得是堅定奉行的信條，從不相信不勞而獲或少勞多獲。也因爲他們認爲所擁有的財富來之不易，所以從不亂花一分錢。

・愛戴彩色帽的人

這種人知道在不同的場合，配合不同顏色的服裝，戴不同色彩的帽子，是天生擅搭配且衣著入時的人。

這種人喜歡色彩鮮艷的東西，對時下流行的事物非常敏感，每當社會上出現新鮮玩意，必定會是最先嘗試的那批人。希望他人讚揚自己的生活過得多姿多彩，懂得享受人生，並且總是走在時代最前列。

另一方面，他們也是個害怕寂寞的人，因爲天生精力旺盛朝氣蓬勃，不甘寂寞的心，總是使他們躁動不安。

所以，他們經常邀請夥伴們一起聚會，盡情玩樂，其實說穿了就是害怕寂寞。

這種人對工作忽冷忽熱，一旦熱情起來時，就像有使不完的勁；一旦無聊，空虛感又馬上襲滿心頭。

• 愛戴圓頂氈帽的人

這純粹是一副老百姓的派頭，對任何事情都感興趣，但從不表達自己的想法，即使有看法也是附和別人的論點，好像完全沒有主見似的。

這類人並不是眞沒有主張，只不過是老好人罷了，不願隨便得罪別人，哪怕對方看來多麼不起眼。

從本質上，這種人相當忠實能幹，相信必定付出才有收穫的道理。在平和的外表下，有自己執著的觀點，相當痛恨不勞而獲的人，相信君子愛財取之有道，對不義之財從來不多看一眼。

這種人對所做的事情都會全力以赴，投入相當的精力和熱情，談及報酬，只拿屬於自己的那份。這種人能夠以自身的美德贏得尊重。

在選擇朋友方面，他們表面隨和，其實頗為挑剔，除非對方和他有類似看法和觀點，否則絕對不會考慮深交。

拿出慧眼，學習以鞋辨人

喜歡追著流行走，穿時髦鞋子的人，會有一種觀念，那就是只要流行，就全部都好，卻沒有考慮到自身條件。

鞋子，能夠發揮保護腳的作用，但這只是一方面，另一方面，還可以表現出一個人的性格。

始終穿著自己最喜愛的一款鞋子，這一雙穿壞了，會再去買同樣的另外一雙，這樣的人思想多相當獨立。他們知道自己喜歡什麼，不喜歡什麼，很重視內心的感覺，而不會過份在意他人看法。

他們做事比較小心謹慎，經過仔細認眞的思考以後，決定要做就會全心投入，把事情做到最好。他們很重視感情，對自己的親人、朋友、戀人都相當忠誠，不會輕易背叛。

喜歡穿沒有鞋帶鞋子的人，並沒有太特別之處，穿著打扮和思想意識都與絕大多數人差不多。他們相當傳統且保守，中規中矩，追求整潔，表現慾望不強，不求引人注目。

喜歡穿繫鞋帶鞋子的人，性格多比較矛盾，希望能有人來安排他們的生活，但對於已安排好的一切卻又總想反抗。為了化解這種矛盾，他們會在尊重他人為自己所做安排的同時，試圖尋找自由揮灑的空間，以發展並釋放自己。

穿上高跟鞋，雙腳免不了受些折磨的，但愛美的女性不會在意。這樣的女性，表現慾望很強，希望能引起他人——尤其是異性的注意。

喜歡追著流行走，穿時髦鞋子的人，會有一種觀念，那就是只要流行，就全部都好，卻沒有考慮到自身條件是否與之相符合，難免不切合實際。

這種人做事時常缺少周全的考慮，所以會顧此失彼。他們對新鮮事物的接受能力比較強，表現慾望和虛榮心也強。

喜歡穿運動鞋的人，對生活持相對積極樂觀態度，爲人較親切自然，生活規律性不強，比較隨便。

喜歡穿靴子的人，通常自信心並不是特別強，因爲靴子正好可以爲他們帶來一些自信。另外，他們很有安全意識，懂得在適當的場合和時機，將自己好好地掩蔽起來。

喜歡穿拖鞋的人，是輕鬆隨意型的最佳代表，只追求現下的感覺和感受，不會爲了別人而輕易地改變自己。他們很會享受生活，絕對不會苛刻自己。

熱衷於遠足靴的人，在工作上投入的時間和精力相對要多一些，他們有很強烈的危機感，並且時刻保持在最佳狀況，準備迎接可能突然發生的變化。他們有相對較強的挑戰性和創新意識，敢於冒險，向自己不熟悉的未知領域挺進，並且有較強的自信，相信能夠成功。

11

從交際方式
洞察事業命運

追求權力不得自然會痛苦，得到了權力之後害怕丟失，同樣使人痛苦。得到了高位，「高處不勝寒」，孤獨自不必多言。

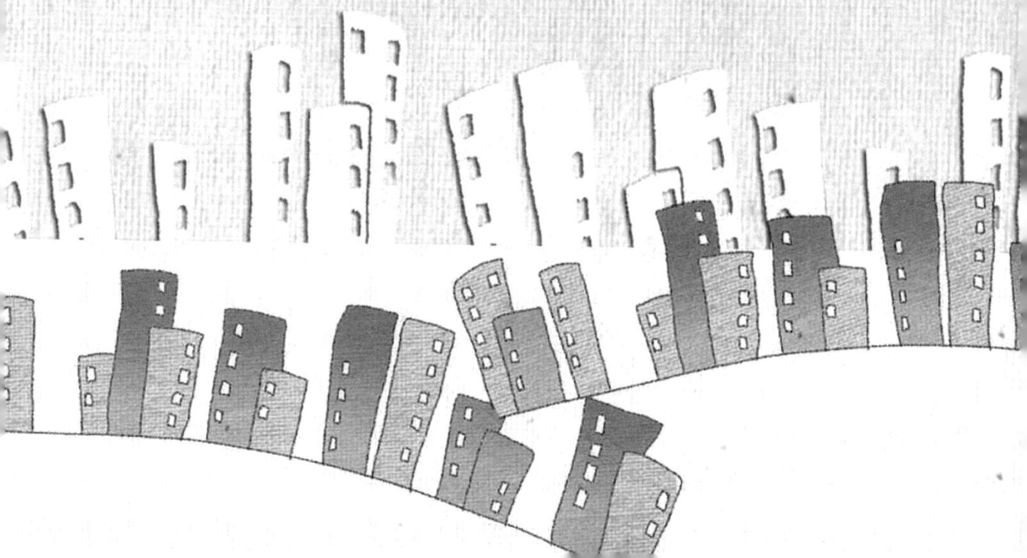

陳腐固執，不是好事

有的人接到他人遞過來的名片，常常會一邊看，一邊注意對方的眼睛。這種人的警惕性很強，觀察力相當敏銳。

有的人喜歡把自己侷限在很小的圈子裡，與其他人只有工作上的交往，很少有私交。他們辦事的時候，先要分出公事還是私事，只有屬於公事，才採取行動，如果屬於私事，他們就不會參與其中。

這種人對他人的態度很冷淡，沉默寡言，別人很難讓他開心。與這樣的人建立良好的關係需要花很大的力氣，很難給人信任安全感。事實上，這種人不是沒有情感，而是他們的表達比較遲鈍，不會揣測對方的心理需求。

這種人對生活很隨便，給人懶懶散散的印象。對一般人在意的事情可以一點也不在意，如煙蒂從煙缸裡掉到地上，一般人都會撿起來，他們卻視若無睹；超過了規定的時間，普通人都會著急，心裡感到抱歉，他們卻若無其事，好像與自己沒有關係似的。除此以外，他們常常會忘記自己與他人的承諾或約定，經常反悔。

從外表來看，他們工作起來好像很賣命，其實效率非常低，缺乏開拓的能力和勇氣，最終很難達到什麼成就。

對這種人，如果人品還過得去，可以叫他們辦一些力所能及的事情。如果人品很差，那麼最好不要輕意任用、親近，以免造成不必要的損失與困擾。

有的人接到他人遞過來的名片，常常會一邊看，一邊注意對方的眼睛。這種人的警惕性很強，觀察力相當敏銳，屬於「無事不登三寶殿」者。

他們很喜歡表態，常常會明確的說「是」或「不是」。只要覺得有賺頭，馬上就會回答「是」，如果覺得無利可圖，就會馬上說「不」。即使對方不斷勸說，也不會輕意改變主意。

這種人有很強的實踐力，想好了就會立即付諸行動，是標準的自我中心者，只要不合自己的意願，就會感到很不高興。由於他們有很強的實踐力，所以，不會固守在一個空間，總在四處活動，想撈一些好處。這種人的朋友不會很多，他們從來不會亂花錢。對世俗的奉承，他們向來不在意。

與這種人交往，花言巧語的作用不大，除非拿出實實在在的東西，否則他們不會相信。最初五分鐘的談話，對這種人來說是至關重要，只要說服了他們，他們就會馬上去做自己已經答應的事情。

他們對事情考慮得比較周到，要辦的事，常常已經在大腦裡「預演」多次。因此，要說服這種人，給他們看實證，效果往往比單純藉語言交流好得多。

有些人無論做什麼事情，總想發號施令，一旦沒有這樣的機會，他們就會覺得很不舒服，心裡相當難受。在各種各樣的集會上，總是千方百計地講話、插話，希望取得支配地位。這種人，以男性爲多。

還有些人，常常去參加會議，並且積極地發言，把自己的觀點推銷給與會者。這種支配型人物，從初次見面就可以看出來。譬如他們會在名片上印著一大堆頭銜，有時還會使用很大的字體。無論對什麼人，都不很客氣，往往有些隨便。一旦得到講話的機會，就會一個人滔滔不絕地講個沒完沒了，不讓別人有說話的機會。一般來說，他們非但不大聽從他人的意見，還會設法強迫他人接受自己的意見。

這樣的人，就是典型的支配型人物。他們總有一種錯覺，認爲只要自己的一句話，問題就會馬上解決。在集會上，總不斷搶先發言，把自己的意見灌輸給別人，並且希望所有人都按照自己的意見去做。他們根本不在乎別人的反應，只要自己能夠當上主角就行。

他們之所以這樣，在於重視功名利祿，有很強的成名成家的內在衝動。與這樣的人交往，應該充分地滿足他們的支配慾望，讓他們感到滿足。

這幾類人最大的缺點就是不會接受他人的正確建議，不會集思廣益，錯過不少本來可以取得成功的機會。對這樣的人應該巧妙地加以控制，因勢利導，讓他們做有利於社會的事情，而不是製造亂子。

從抽煙動作看性格

抿著嘴抽煙的人缺乏工作上的主動性和足夠的創造性，但為人處世卻很有城府。這種人的猜忌心很強，不會輕易暴露自己的真實想法。

抽煙的人有個人獨特的手勢動作，能夠看出那個人的性格特質。

• 從不抖煙灰——懶散

有些喜歡抽煙的人，養成了煙灰很長也不抖掉的習慣。這種人大都比較懶散，思考的問題往往比較膚淺，很難進行深入的研究。

他們大多缺乏信心，通常身體狀況不太好，具有比較強的自卑心理。如果這種狀況只發生在開會或工作時，這樣的人往往是工作狂，要多注意身體健康狀況。

抽煙時不抖煙灰的人做事情非常大而化之，他們抽煙的時候，不管煙頭還在冒著煙，就把它隨手丟進煙灰缸裡。研究發現，這種人可以做一些小事，很難成功地完成一項較爲重大的任務。

改變這種狀況最好的方法就是積極思考，勤奮努力，養成良好的習慣，儘量少吸煙，如此不用很長的時間就可以讓整個人煥然一新。

・叼著煙工作——自信

有的人抽煙的時候會把頭微微地向上昂，用嘴角來抽煙。

這種人對自己的工作充滿信心，比較執著，有可能成爲某一方面的專家。但是由於自視過高，通常與同事的關係處理得不夠好，有時還會發生糾紛導致失敗。

不過，這樣的人不會服輸，面對困難時會產生更大的勇氣，如果他們能夠堅持到底，突破重重難關，最後往往會取得成功，因此這樣的人一般都會成爲勝利者。他們的前途光明，很有可能成爲高級管理人員。

是否有信心，從抽煙的姿勢就可以看出來。

叼著煙工作的人如果不是十分地玩世不恭，就是相當有自信，如果還習慣瞇著眼抽煙，那麼必然是對自己的能力極爲有自信，爲人也比較成熟老練。

這種人希望自己的能力獲得別人的肯定，否則就會產生強烈的反抗，或是消極負面的情緒。除此以外，這種自信心很強的人還有一種動作，就是拇指頂著下巴抽煙。他們喜歡伸直拇指頂住下巴，顯出一副悠閒的姿態，並給人一種陽剛的印象。這種人必須要充分認識自己，揚長避短，以營造良好的人際環境。

• 抿著嘴抽煙——深沉

有的人抽煙的時候喜歡抿著下唇，顯得不慌不忙的樣子。這樣的人不會引人注目，個性比較穩定。他們辦事通常不會採取轟轟烈烈的動作，成功的機率很大。

他們成功的基本方法是穩紮穩打，從來不做需要冒很大風險的事情。在一個單位或部門裡，前一兩年可能做不了什麼讓人刮目相看的事情，但一段時間之後，他們就會慢慢地得到上司的信賴和重視，獲得發揮才能的機會。

一般來說，抿著嘴抽煙的人缺乏工作上的主動性和足夠的創造性，但爲人處世卻很有城府。這種人的猜忌心很強，不會輕易暴露自己的真實想法。

這種人準備做什麼事情，常常都會經過反覆考慮，但由於對事情的思考時間過長，往往坐失良機。「三思而後行」固然可取，但若是顧慮過多，反而會阻礙前進的步伐，消磨奮進的信心。

• 用力壓滅煙頭——不滿現狀

有人滅煙頭的方法很特別，他們會很快地用力壓滅正在冒煙的煙頭，就像有什麼急事等著要辦似的。

一般來說，這類人的精力很充沛，做起事來往往不會半途而廢，工作態度很積極，往往也能獲得上司的信任。但是，他們不會處理自己的慾望與現實之間的關係，因此常常會覺得自己懷才不遇，常常感到焦躁不安。

這種人應該注意克制各種非分之想，不斷改變自己做事情的方法，試著提高工作效率，比如學著在煙灰缸裡慢慢地把煙頭壓滅，經常做一些需要耐心才能完成的事情，時間久了，就會形成平和的心態，辦事效率就會有所提升。

・口水經常弄濕煙頭——個性急躁

有些人的性子很急，就是我們常說的「一口就想吃掉一個胖子」。這種人在抽煙上的小動作，是恨不得一口氣把一根煙抽完，就像餓極了的人見到食物一樣，甚至把煙頭都弄濕了，嚴重的甚至會使煙熄滅。

這種人容易憤怒，性子很急。他們有時表現得很貪心，有時又表現得好惡分明。這種人常常會參與各個領域的事情，好像什麼事情都能做。由於他們的執著，獲得成功的可能性會不斷增大，但也經常由於過分急躁而使事情功敗垂成。

・滅煙頭動作很輕——優柔寡斷

有的人是這樣熄滅煙頭的：輕輕地敲打煙蒂，直到煙頭慢慢被熄滅。這種人的個性和緩，做起事來比較愼重，對人的態度比較溫和，很注意對方的言談舉止。

他們最明顯的特徵，就是不會很好地表達自己的意見和建議，無論做什麼事情常常都會猶豫再三，舉棋不定。因爲他們思考問題比較深入，也許在熄滅煙頭的時候就是在思考問題也說不定。

這種人具有一定程度的領導才能，因爲他們考慮問題比較全面，但是要特別注意培養果斷能力，不要給人留下沒有魄力的印象。

這種人如果工作多年仍然沒有得到提拔，除了其他的原因之外，最重要的原因就是上司認爲他沒有魄力，辦事不夠果斷。

其實，他們只是沒有表現出來而已，並不像外人認爲得那麼不果斷。這種人要訓練自己在縱觀全局之後快速做出決斷，切忌思前顧後，錯失良機。

• 用水澆滅煙蒂——作風嚴謹

有的人把煙頭丟在煙灰缸裡，還擔心煙頭不熄滅，所以總是要用水澆熄煙蒂。這種人通常屬於神經質、操勞型的人。他們的膽子很小，一整天都小心翼翼，如果早上和老婆小吵了一架，也許一天都不安寧。

應該注意的是，無論做什麼事情，既要心細，也要膽大，不要整天患得患失。很多事情都沒有自己想像的那麼複雜或可怕，不要總是膽顫心驚。

從喝酒看清你的朋友

在酒桌上，如果你仔細觀察，會發現每個人端酒杯的姿勢都不盡相同，從端酒杯的姿勢可以看到一個人的個性。

飲酒是很多人都很喜歡的事情，李時珍在《本草綱目》中曾經說過：「少飲酒提神，多飲酒傷身。」這裡所說的「酒傷身」，主要是說酒精中毒。研究證明，大量酒精進入人體之後，就會隨著血液進入大腦，從而使大腦受到傷害，大腦的功能就會紊亂。

隨著血液中酒精濃度的增加，一個人會面紅耳赤，頭腦發昏，意識朦朧，言語不清。久而久之，身體就會受到損害。

可是社會交際中，喝酒確實是一個比較重要的方式，所謂「無酒不成禮」，所以有的人就大聲喧嚷「捨命陪君子」。

在酒桌上，如果你仔細觀察，會發現每個人端酒杯的姿勢都不盡相同，從端酒杯的姿勢可以看到一個人的個性。

有的男性喝酒時，喜歡緊攥酒杯，用拇指壓住杯口，這種人個性外向，具有較強的進攻性，願意與人交往，經常扮演活絡氣氛的角色，成爲大家關注的人物，屬於豪爽型的人。

有的男性喜歡把整個酒杯緊緊握在手掌裡，這種人比較有主見，在酒桌上並不急於進攻，常常是後發制人，當別人都喝得差不多的時候，才開始發動攻勢。生活中，這種人很有個性，經常不聲不響，但心中有數，什麼時候該做什麼，什麼時候不該做什麼，總是能夠把握得很好。

有的男性用兩隻手抓住酒杯，給人擔心酒杯落地的感覺，這種人個性比較內向，不善言辭，爲人比較謙恭，在喝酒時始終處於被動狀態，別人不端酒杯，就很少主動敬酒，在別人舉杯相賀的時候，經常一個人悶悶地坐著，給在座的人留下滿腹心事的印象。這種人屬於沉思型，平時喜歡一個人靜靜地思考問題。

有的男性經常用手捂住酒杯，喝酒時，往往會做一些小動作，不是偷樑換柱，將礦泉水倒入酒杯，就是喝一半倒一半。這種人比較善於偽裝，常常給人以捉摸不透的感覺，在捂住酒杯的同時，也就捂住了自己的內心世界。

女性在這方面與男性稍微不同，她們經常是爲了應酬或禮節喝酒，端酒杯的動作也體現出各自的個性。

有的女性喜歡將酒杯平放在手掌上，這種女性個性外露，屬於興奮型的人。她們活潑開朗，聰明伶俐，常常一邊說話，一邊吃東西，十分健談。說話時娓娓而談，妙語橫生，給人一種很機靈的印象。

有的女性在飲酒時，喜歡用手握住高腳杯的下面，食指伸得很長。這種人城府較深，對金錢、地位、勢力有很大的慾望，善於隨機應變，見風轉舵，是比較標準的「勢利眼」。

有的女性喜歡一邊玩弄酒杯一邊吃東西，喝酒時顯得漫不經心。這種女性整天爲各種各樣的瑣事纏身，根本沒有精力和時間去思考大事，經常會因爲日子過得舒心而安於現狀，缺少成名的內在衝動，也不大會成爲傑出的人物。

有的女性習慣用一隻手緊緊地握住酒杯，另一隻手有意無意地在酒杯邊緣上撫摸。這樣的女性內心細膩，比較善於思考，不容易衝動，更不會感情用事，對事情的處理一般比較冷靜，很有分寸。

有的女性或將酒杯緊緊地握在手中，或將酒杯放在大腿上，這種人較爲隨和，是很好的聽衆，無論做什麼事情，都顯得比較穩重，善於聽取別人的意見，待人接物十分得體，給人比較高雅的印象。

藉酒精改變自己的個性

有的人很喜歡狂飲，最重要的目的就是為了改變自己的個性。希望透過大口地喝酒，證明自己與過去不同。

懦弱的人總想變得勇敢一些，沉默寡言的人也不希望自己終生是「悶葫蘆」，在某些特定的場合，希望改變自己的人，可以藉著喝酒做出令人吃驚的事情。喝酒的時候，由於處於一種較爲放鬆的狀態，平日無法流露的眞情，也就隨著酒場的自由氛圍而體現出來。

有的人很喜歡狂飲，不管是什麼酒、多大的酒杯，都會一飲而盡，好像喝酒對他們來說是很大的樂趣。他們之所以狂飲，其實有很多用意，最重要的目的，就是爲了改變自己的個性。

也就是說，他們希望透過大口地喝酒，證明自己與過去不同，在心理上感覺到自己的個性已經發生了變化，從而達到改變的目的。

這種人不是因爲愛好喝酒而喝酒，而是「醉翁之意不在酒」，是渴望改變自己的個性而喝酒。

具有這樣的喝酒習慣的人，對酒的選擇比較嚴格，一旦認爲某一種酒最能滿足自己的心理需求，他就會偏愛這種酒，其他酒再好也不會多看一眼。

其實，並不是這種酒在他們的感覺中有一種特別的滋味，主要是一種心理上的作用，每次喝這種酒的時候，心裡就會產生愉悅的感覺。

從這點我們可以知道，特別喜好某一種酒的人，個性會出現明顯的特徵。

愛喝白酒的人善於社交

愛喝白酒的人對社交活動很感興趣，同時具有很強的同情心，善於調和各種矛盾，經常扮演好好先生的角色。

有些人喜歡喝白酒，如果飯菜擺到桌子上的時候沒有白酒，他們就會覺得少了什麼東西，儘管飯菜很香，也會覺得索然無味。這種人對社交活動很感興趣，同時具有很強的同情心，善於調和各種矛盾，經常扮演好好先生的角色。

一般而言，他們的耳根子很軟，很容易受對方的影響，不管對方說的正確與否，總是頻頻點頭，表示贊同。

他們喜歡聽別人的奉承，但聽不出奉承的眞實含義，當別人恭維一番後提出不合情理的要求時，很多時候都無法拒絕。很多人在酒桌上辦了平時不願意辦的事情，就是礙於這種情面。

愛喝白酒的人往往善於社交，很喜歡女性，對見到的任何女性都表現得特別親切。

他們還同情弱者，願意爲弱者伸張正義，即使因此遭到失敗，也在所不惜。在工作場合中，由於他們經常持與人爲善的觀點，比較關心部屬，所以部下也很擁護他們。但是他們不善處理自己與上司的關係，因而很難得到上司的信賴。

愛喝白酒的人有一個明顯的特點，就是爲了獲得他人的認同，他們會以極大的耐心，去做一些自己很難做到的事情。

愛喝黃酒的人有自信心

愛喝黃酒的人比較理智而有自信心，不管在什麼情況下，他們都不會因喝酒說出胡話，更不會做出失態的舉動來。

喝酒的人有兩種，一種人是見酒就饞，見酒就喝，不需任何藉口，每天都可以喝上幾杯；另一種人是喝酒必有理由，從不喝沒有目的的酒。

那些喜歡喝白酒的男人，常常嗜酒如命。至於那些愛喝黃酒的男人，對酒的愛好卻很有分寸。

愛喝黃酒的人對喝酒這件事很講究，喜歡在極不相同的環境裡喝酒，總是追求情趣。比如，在高朋滿座的場合，他們興致很高，常常會把整杯的黃酒一口吞下去；而在夜深人靜，獨自一人的時候，他們往往獨斟自飲，慢慢品味。

這種人很會把握尺度，從不被酒所迷惑，借酒發瘋或爛醉如泥是喝酒者常有的事，但一般不會在他們的身上出現。

即使在酒酣耳熱、不勝酒力的時候，他們也能保持清醒，不管在什麼情況下，他們都不會因喝酒說出胡話，更不會做出失態的舉動來。在酒意濃濃之中，他們也不會忘記自己和他人所說的話，記住每個人的一舉一動。

這種人比較理智，也比較自信，無論做什麼事情都深思熟慮，儘量做到恰如其分，所以常常能獲得成功。

他們很善於抓住時機，經常伺機而動，在生意場上使對手措手不及。他們精明、果斷、沉著、冷靜，常常令對手佩服得五體投地。

愛喝黃酒的人比較理智而且有自信心，總是「別人皆醉我獨醒」，這樣的對手才是眞正的對手。

由於他們很自信，所以做事往往與衆不同，經常蔑視常規。這種人不大相信那些成說定論，總能從新的角度去思考問題，在很多事情的處理上，常常會下一些一般人認爲的險棋。

可能正是因爲獨出心裁，經常會取得比別人更好的成績，在同輩人的競爭中，常常能戰勝衆多高手，成爲脫穎而出的佼佼者。

很多上司都願意把棘手的事情交給他們去辦，他們也總是不負衆望，多半都能取得預期的效果。

愛喝啤酒的人心情常保愉快

喝啤酒是心情愉快的一種表現，很多人會透過喝白酒達到「藉酒澆愁」的目的，而不是用幾瓶無法讓人麻醉的啤酒去擺脫煩惱。

高興的時候要喝酒，悲傷的時候也要喝酒。對多數人而言，高興也好，悲傷也罷，不管是什麼酒，只要能滿足心理需求即可。至於什麼時候喝白酒，什麼時候喝啤酒，什麼時候喝紅酒，很多人都不在意。

但是，從美國社會學家的調查可以看出，喝啤酒是心情愉快的一種表現，悲傷和苦悶的時候，啤酒就會讓位給白酒。很多人會透過喝白酒以達到「藉酒澆愁」的目的，而不是用幾瓶無法讓人麻醉的啤酒去擺脫煩惱。

約會的時候，喝啤酒的男士通常是想表現出最自然、最原始的自己，女士切不可認爲對方沒有男子氣。

與這樣的男士交往，女士比較安全。因爲喝白酒往往會使男士控制不住自己，做出一些令雙方都十分尷尬的事。喝啤酒則不同，對「海量」的男士而言，喝了超過白酒量二到三倍的啤酒，也不會失態。

與女士約會時，喝啤酒的男士常常勸同行的女士也喝啤酒，目的是希望對方與自己有同樣的好心情，期待進行愉快的交談。這樣的行爲既不會給人矯揉造作的感覺，也不會讓人覺得自己是在高攀對方。

有的人喜歡特定品牌的啤酒，表現出一種特有的傾向。有的人在選擇啤酒的時候，比較注重公司和產地等，這已超出飲酒娛樂的範疇。其實，不同的啤酒味道都差不多，之所以挑選特定的酒，最主要還是心理因素。

愛喝雞尾酒的人值得信賴

喜歡喝雞尾酒的人不會爛醉如泥。喝雞尾酒多半是為了調節氣氛，在他們的酒杯裡，往往注入很多情調。

時常酩酊大醉的人都喜歡喝白酒，十個醉漢裡，至少有九個是喝白酒的。雖然喝白酒的人不一定都會醉，但愛喝白酒的人都有狂飲的習慣。

如果一個人長期狂飲白酒，喝醉肯定是常有的事。對一個經常醉酒的人來說，最大的後果就是很難得到別人的信賴。

相反的，喜歡喝雞尾酒的人一般都不會狂飲，更不會爛醉如泥。喝雞尾酒多半是爲了調節氣氛，而不是僅僅爲了喝酒，在他們的酒杯裡，往往注入很多情調。

在龐大的雞尾酒「酒友」中，絕大多數人對酒的要求並不嚴格，只是把酒當作溝通感情、聯絡友誼的工具。

喜歡喝辣味雞尾酒的人，一般都具有男性氣質，責任感都比較強。在工作中，他們熱情很高，能夠充分發揮自己的作用，勇於創新，深得同事的信賴。這種人為人誠實，不張揚、不虛偽，行為舉止得體，分寸把握得較好。

喜歡喝甜味雞尾酒的人一般不喝白酒，除非是在萬般無奈的情況下。這種人喝雞尾酒，常常有很多考慮，其中最常見的是為了與女性找到共同的話題，透過雞尾酒接近女性，從而達到與「美人」共飲的目的。

愛喝雞尾酒的人不一定會喝酒，但卻經常把雞尾酒當作營造良好氣氛的工具，這就像不會吸煙的人為吸煙的人遞煙一樣。在女性面前，禮貌性地喝上一口雞尾酒，往往會給對方留下良好的印象。

愛喝威士忌的人心胸寬廣

喜歡喝威士忌的人願意做一番轟轟烈烈的事業，敢於冒險，不願意被人束縛，天生叛逆個性，敢於挑戰權威。

愛喝酒的人總有自己鍾情的酒，至於爲什麼和別人不同，喝酒者的解釋都是這樣：這個酒好喝。至於爲什麼愛喝，他們常常會支支吾吾地告訴你：反正是好喝，別的理由不重要。

其實，喝酒與每個人的個性有很大的關係。有的人很喜歡喝威士忌，喝這種酒的人具有比較強的適應能力，容易融入群體，能夠充分地採納他人的意見。

在多數情況下，他們很希望到社會上去闖蕩，不願意安於現狀，無論能力如何，條件是否具備，都天天盼望能夠出人頭地。在生活中，他們渴望賺大錢，渴望得到上司的青睞。總之，這種人的慾望很多。

這種人對女士很講禮貌，很願意接近女性，並且常常表現得很親密。他們比較主動，能明確地表達自己的意思。

由於喝威士忌的方式方法不同，在個性方面便展現出不同的差別：

・稀釋的威士忌

有的人喜歡喝經過稀釋的威士忌，如果擺在面前的威士忌未經稀釋，他們寧可選擇不喝。這樣的人很願意與人交往，總希望把自己的想法充分地傳達給他人，不管在什麼情況下，都能適應環境，一般都能與很多人有良好的關係。

・加了冰塊的威士忌

有的人在喝威士忌的時候，喜歡在裡面加冰塊。

這種人不善言辭，語言表達能力往往比較差，常常言不由衷，詞不達意，不能用準確的語言表達自己的意思。他們比較在意周圍人的議論，缺乏主見，人云亦云，因此常常被他人的意見所左右。

但這樣的人在工作場合的人緣很好，常常發展得很順利，往往平步青雲。他們最大的長處是會掩飾自己的情緒，不將喜怒哀樂寫在臉上。

有的人喜歡喝威士忌的原因是覺得威士忌夠勁。這種人願意做一番轟轟烈烈的事業，敢於冒險，富有開拓精神，不喜歡條條框框，不願意被人束縛，天生叛逆個性，敢於挑戰權威。

喜歡喝威士忌的人富有很強的創造力和正義感，不同流合污。從表面看，這種人比較冷淡，不太熱情，特別是對女性。但是，實際上這種人的內心卻常常是溫柔而熱烈的。

Be Human by Wisdom

Thick Black Theory is a philosophical treatise written by Li Zongwu, a disgruntled politician and scholar born at the end of Qing dynasty. It was published in China in 1911, the year of the Xinhai revolution, when the Qing dynasty was overthrown.

做人靠手腕

摸清對方的心理，做事才會更加順利

做事靠手段

審時度勢篇

莎士比亞曾經寫道：

「想要成功，就必須在對的時機做對的事，就像船要出海的時候，必須趁著漲潮的時候。」

確實如此，活在這個人人都絞盡腦汁想要出人頭地的時代，想讓自己快速獲得成功，做人做事除了要比別人努力之外，更必須及時調整自己的思考模式與行動準則。要讓腦袋適時轉彎，該用手腕的時候就運用手腕，該靠手段的時後就施展手段。

不知道審時度勢，不知道做人做事訣竅的人，永遠不可能是人生戰場的贏家。

Thick Black Theory is a philosophical treatise written by Li Zongwu, a disgruntled politician and scholar born at the end of Qing dynasty. It was published in China in 1911, the year of the Xinhai revolution, when the Qing dynasty was overthrown.

陶然 編著

Be Human
by Wisdom

Thick Black Theory is a philosophical treatise written by Li Zongwu, a disgruntled politician and scholar born at the end of Qing dynasty. It was published in China in 1911, the year of the Xinhai revolution, when the Qing dynasty was overthrown.

做人靠智慧

活用智慧，替自己創造更多機會

做事靠謀略

靈活處世篇

達文西曾說：

「在生活的道路上，暗藏著許許多多的蛇，行路的人要事先想到這點，並且要選擇適合自己的安全之路。」

走在危機四伏的人生道路上，想避開潛伏於暗處的「毒蛇」，就必須同時具備做人與做事應有的應變智慧。一個深諳謀略的人，做任何事之前都會通盤考量，思慮到可能的風險及隱憂，讓自己成為最後的贏家。

Thick Black Theory is a philosophical treatise written by Li Zongwu, a disgruntled politician and scholar born at the end of Qing dynasty. It was published in China in 1911, the year of the Xinhai revolution, when the Qing dynasty was overthrown.

金澤南 編

一眼就看穿對方超強讀心術

作　　者　楚映天
社　　長　陳維都
藝術總監　黃聖文
編輯總監　王　凌
出 版 者　普天出版家族有限公司
新北市汐止區忠二街 6 巷 15 號
TEL / (02) 26435033 (代表號)
FAX / (02) 26486465
E-mail：asia.books@msa.hinet.net
http://www.popu.com.tw/
郵政劃撥 19091443 陳維都帳戶
總 經 銷　旭昇圖書有限公司
新北市中和區中山路二段 352 號 2F
TEL / (02) 22451480 (代表號)
FAX / (02) 22451479
E-mail：s1686688@ms31.hinet.net
法律顧問　西華律師事務所・黃憲男律師
電腦排版　巨新電腦排版有限公司
印製裝訂　久裕印刷事業有限公司
出 版 日　2021 (民 110) 年 6 月第 1 版
ISBN◉978-986-389-777-4　　條碼 9789863897774

國家圖書館出版品預行編目資料

一眼就看穿對方超強讀心術／
楚映天著.—第 1 版.—：新北市,普天出版
民 110.6 面； 公分. - (智謀經典；44)
ISBN◉978-986-389-777-4 (平裝)

智謀經典
44

普 天 之 下 · 盡 是 好 書

普天出版家族
Popular Press Family

凌雲
A-Plus Creative Company
文創